ADA HALENZA · Glauben anner Menschheit is hin

ADA HALENZA

Glauben anner Menschheit is hin

und andere Erkenntnisse
von

Madda und Kede

CARL SCHÜNEMANN VERLAG BREMEN

2. Auflage 5. - 9. Tsd.

CIP-Kurztitelaufnahme der Deutschen Bibliothek

Halenza, Ada:
Glauben anner Menschheit is hin und andere
Erkenntnisse von Madda und Kede / Ada Halenza.
2. Auflage 5. - 9. Tsd.
Bremen: Schünemann, 1981.
ISBN 3-7961-1722-8

 Druck: Druckerei Girzig+Gottschalk, Bremen, Bindearbeiten: Klemme & Bleimund, Bielfeld. Schutzumschlaggestaltung: Hans Eisermann. Printed in Germany 1981.
ISBN 3 7961 1722 8

INHALTSVERZEICHNIS

Was ist eigentlich „missingsch"? 7
Glauben anner Menschheit is hin 11
So blank wie'n Aal 15
„Ich mach jeden Schandudel mit" 18
Blaue Wäsche 22
. . . denn kann dja ganix passiern 25
Oh — diese Queesenpötte! 29
Da kann keinan gegen an 32
Ich glaub'er an 36
Sowas gibt's nich nochmal inne Welt 40
Er war son guten Hund 45
Frau Penibel verreist 49
Mahlzeit! 52
Hoch- und Tiefdrücke 55
Das leucht't mir wohl ein 59
Höhere Maddematik und Kaffeebohnen . . 63
Unsereins hat eben kein Schlump 67
Das gefällige Motief 70
Um das eine Wort 73
Drei unterm Tannenbaum 77
Fleutschepiepen 81
Adelheid — es is soweit 84
Als was gehst du denn? 87
'n passliches Geschenk 90

So feiert man in Bremen

OSTERN

Kede contra Columbus 97

HIMMELFAHRT

Kein billiger Schnaps 101

PFINGSTEN

Djeden Fingsten machen wir dieselbe Tour . 105

WEIHNACHTEN

So simpel wie einfach 108

SYLVESTER

Da sitzt se — die Mörderin 111

Anekdotisches

Hinnerk I ... aus vergangener Zeit 117
'n büschen wat vom ollen Hinnerk 120
Die Welt des Mannes 125
Freimarkts-Potpourri 128
Habter schon 'n Baum? 132

Der 30. Klassentag 136

In Bremen vor 30 Jahren

Ich mocht se wohl 141
Das war ihr viel zu um 145
Der verkehrte Pott 148
Für'n halben Groschen Konditerschrabbels 151
Aus doppelt mach einfach 155
Das Mittwochs-Kränzchen 160
Der Osterspaziergang 164

WAS IST EIGENTLICH MISSINGSCH?
– Eine notwendige Vorbemerkung –

Die philologische Problematik beginnt schon mit dem Wort selbst. Nach manchen Deutungen wird es von „meißnisch" abgeleitet, hätte also etwas mit der sächsischen Stadt Meißen zu tun. Andererseits wird es auch von „Messing" hergeleitet, und das erscheint einleuchtend, denn wie Messing das Gemisch zweier Metalle darstellt, die sich zu einer neuen Legierung vereinigen, so ist eben das „Missingsch" eine Mischung von Hoch- und Plattdeutsch, oder wie das Lexikon lakonisch formuliert: „eine halbmundartliche hochdeutsche Sprache in Niederdeutschland." Das klingt zwar sehr verzwickt, ist aber wohl die beste Definition. Aber „Missingsch" ist eben schwer zu fassen und wird darum von den Linguisten auch stiefmütterlich behandelt.

Dabei hat das „Missingsch" eine lange Tradition, denn man nimmt an, daß es schon im 16. Jahrhundert in den niederdeutschen Städten gesprochen wurde. Mehr als eine Annahme kann das kaum sein, weil die Mischsprache in jener Zeit schriftlich nicht fixiert wurde. Gebraucht wurde sie zum Beispiel von den Bauern, wenn sie „aufs Amt" oder „zu Gericht" gingen. An manchen Orten mag es vor 300 Jahren das Hochdeutsche schlechthin gewesen sein. Jedenfalls hat es zwischen Stadt und Land, zwischen den unteren und oberen Schichten vermittelt. Es war – und ist es geblieben – eine Sprache der Kommunikation, eine Sprechsprache.

Später war es ein Dichter wie Fritz Reuter, der sie in seinen „Onkel-Bräsig"-Romanen zum erstenmal schriftlich festhielt, und zwar in ihrer Mecklenburger Ausprägung. Denn das kommt hinzu: genau wie das Niederdeutsche in viele Regionaldialekte zerfällt, so ist das „Missingsch" von Ort zu Ort verschieden, gefärbt vom Charakter der jeweiligen Stadt. Das „Missingsch" ist eine Sache der größeren Orte, nicht des flachen Landes, wo man nicht so sehr auf Kommunikation mit anderen sozialen Schichten angewiesen war. Auch in neuerere Zeit hat es Versuche gegeben, das „Missingsch" literarisch zu verwerten. Es sei nur an den Ur-Hamburger Dirks Paulun erinnert, der in vielen Geschichten und Glossen das „Elb-Missingsch" wiederbelebte. Für Bremen steht nach manchen früheren Ansätzen vor allem der Name Ada Halenza, der gleich nach dem 2. Weltkrieg unter vielen Geschichten in Zeitungen auftauchte. Ada Halenza hatte schnell heraus, daß das „Missingsch" sich besonders für die Konversation, für den Dialog eignet, und so erfand sie die köstlichen Figuren von „Madda und Kede", die „Missingsch"-Umschreibungen für: Martha und Käthe. In den nächsten Jahren wurden die beiden in der ganzen Stadt populär, vor allem als sie bei Radio Bremen zu „schnacken" anfingen.

Ada Halenza traf den Ton der alltäglichen

Sprache mit schlafwandlerischer Sicherheit. Sie hatte nach dem Luther-Wort „dem Volk aufs Maul geschaut" und setzte das Gehörte mit feinem Sprachgefühl in Dialoge um, die von Pointen nur so wimmelten. Ja, sie ging sogar noch weiter, indem sie das „Missingsch" oft parodierte, was zu sehr komischen Wirkungen führte. So weiß man nicht so genau, ob man schon vor Ada Halenza gesagt hat: „Das ist mir zu um" (weil einem ein Weg zu „umwegig" war). Und wie ist es mit dem Schnack „Ich geh' mal eem um'n Pudding„? („Pudding" bezeichnet hier ein Straßenareal).

Viele der „Madda und Kede"-Geschichten sind zeitbezogen und vermitteln uns heute ein Stück Sittengeschichte aus der Nachkriegszeit. Andere befassen sich mit „überzeitlichen" Themen, speziell den Festen, wie sie in Bremen alle Jahre wieder begangen wurden. Dieser Band vereinigt eine bunte Mischung beider Spielarten und ist darum auch im Doppelsinn des Wortes ein „Missingsch"-Buch. Da das „Missingsch" heute im Zeichen der Uniformierung mehr und mehr ausstirbt, ist diese Sammlung auch aus nostalgischen Gründen interessant. Wir wünschen uns als schönsten Effekt, daß die Leser über „Madda und Kede" und die anderen Bürger, die sie so meisterhaft charakterisiert, schmunzeln mögen. Das ganze „Aroma" dieser Dialoge entwickelt sich allerdings nur dann, wenn man die Geschichten laut liest, denn „Missingsch" ist (und bleibt hoffentlich noch lange) eine Sprechsprache. H. E.

GLAUBEN ANNER MENSCHHEIT IS HIN

(Wem Kede heute morgen begegnet ist, der weiß, was die Glocke geschlagen hat. Kurz vorm Explodieren platzt sie Madda in die Küche.)

„Morgen!"

„Morgen, Kede! Fein, daßde kommst. Bin djust bein Frühstücken. Trink man ehm 'n Tass Kaffee mit."

„Nee, danke! Trink man selbs. Brauch dein Kaffee nicht."

„Hurrdjöses... 'tschuldigen Se man, daß'n gebor'n is. Du hascha 'n reizende Laune."

„Hab' ich auch Grund zu!"

„Gott, o Gott... du bischa schön in Faaht. Was isser denn bloß los?"

„Nix!"

„Nix? I, dascha gediegen. Denn brauchste dja auch nich sone Floppe zu ziehn."

„Ich wollt man bloß meine Fringmaschine abhol'n!"

„Deine Fringmaschine? Was hat das denn zu bedeuten? Bin dja noch ganich ferdich mitte Wäsche. Hast doch gestern noch gesaacht..."

„Djaa... gestern! Da warn mir die Augen dja auch noch nich aufgegang'n. Aber heute? Der Glauben anner Menschheit is hin! Den hat'n nu ein für allemal vollor'n."

„Das ischa 'n Djammer, Kede. Aber was hab i c h da denn mit zu kriegen?"

„Das würste wohl wissen. Tu man nich so. Alma

kamer heudemorgen gleich mit an, hat mir die ganze Geschichte brühwarm wiedererzählt."
„'türlich... ümmer Alma! Die alte Treibersche! Was hatse denn nu wieder zu traatschen gehabt?"
„Sie hat gesaacht, du hättst dir gesternahmt in ihr'n Beisein mit Karel überleecht, wer von uns was von euern Toto-Gewinn abhaben soll!"
„Dja, mein Gott... gesprochen hamwer da wohl über, aber..."
„Schweich djaa still! Alma hat gesaacht, du hättst gesaacht: wenn Kede 'n lederne Einholtasche kricht, denn isse gut bedient, das's überleidich genuch!"
„Iii bewahre... so war dascha ganich, Kede. Ich hab gesaacht..."
„Laß man nach... wi 'ch ganich wissen. Ich brauch deine Beddelbrockens nich. Bin ich dja Gott sei Dank noch nich um vollegen."
„Tschä, Kede, du hast dja auch alles. Gibt doch 'n ganze Masse Leute, die da benötichter um sind. Und ich mein, denn komm'n dja auch eersma' diedjenigen anne Tour, die uns auch mal ausse Not geholfen hab'n, nich?"
„Was?! Und das saachste mir man einfach so batsch in'n Gesicht? Ausgerechnet mir?! Icha die Hö-he! Djahrende pumpten dir seine Fringmaschine. Meinst, dasse da besser von würt? Und was hat'n dir damalssen nicht allens zugesteckt, wiede ausgebombt warst."
„Dja, Kede, dja, vergeß ich dir dja auch nich. So mußte dascha auch nich nehmen. Kuck ma'..."
„Und dafür würt'n djetzt mitte Einholtasche abggespeist. Das ischa direkt 'n Witz is dascha! Aber

deine liebe Mudel, die soll den Bauzuschuß füre Wohnung kriegen, nich? Und Gustav, den schmeißter 'n Motorrad in'n Rachen."

„Kede, das mußte doch einsehn... Gustav macht doch djetzt in Süssichkeiten, denn kanner doch mit son Dings viel mehr beschicken."

„Och, is mir dja ganz piepe. Laß die annern meinswegen mit den ganzen Raub übern Haaz gehn."

„So siehste aus! 'tschließlich soller dja für uns auch noch 'n Kleinichkeit bei über sein, nich? Heini will 'n Gastwürtschaft aufmachen und Trudel 'n Strumfladen. Und Djohann, der soll nach Amerika hin. Und ich brauch soo nötich neue Steppdecken! Tschä, Kede, nu bitt ich dich... was sind denn 'n paa hunnerttausend Maak?"

„Gewiß... soll dja auch allens so sein. Aber, daßde Alma 'n Abbonnemang auf'n Theater zugesaacht hast, da hab ich mir denn doch zu schändlich über geärgert."

„Die?! Die kricht überhaupt nix, die alte Snackewattsche! Man gut, daß ich der nich aufe Nase gebackt hab, was ich so heimlich noch in'n Sinn hatte."

„Was meinste denn? Saach doch ma'."

„Och, ich dachte, du und ich, wir beide wollten ganz alleine 'n schöne Reise machen, nach'n Rhein hin oder so."

„Dja, Madda, das wär ganich so verkehrt, da hätt ich wohl Lust zu. — Du, wennde djetzt vielleicht noch'n Tass Kaffee über hättst..."

„Dja, gärne, mein Kede. Komm, nu setz dir doch

hin. So' ich dir 'n lütschen Happen mit Mett zurechte machen?"
„No, man zu. Du, und denn leech doch ma' ehm die Kaaten, Madda. Bin dja gespannt! Wenn ihr nu morgen würklich mit'n Hauptgewinn rauskomm'n tut, denn müßte da dja einklich was von in stehn."
„Dja, Kede, wenn! Aber ich hab das ganz so in'n Gefühl. Weißt, warum? Ich hab den Tippzettel diesma' nehmlich ausgefüllt."

SO BLANK WIE 'N AAL

Herr Ober! Och, hab'nse wohl ma'n Augenblick Zeit? Denn seinse doch so freundlich und bring'nse uns noch eben zwei ... hick ... Scherribrändi."

„Ogoddegott, Kede, was'n Leichtsinn, 'n gutes halbes Dutzend hab'nwer bestimmt all von die Dinger verputzt. Das könn'nwer dja ganich bezahl'n. Ich hab djedenfalls kein'n Fennig mehr aufe Naht."

„Ich auch nich ... bin so blank wie'n Aal ... alles aufen Freimakt verdjuxt. Aber da quäl dich man nich um. Wenn unsere ... hick ... Göttergatten ein'n hier stunnenlang waaten lassen, denn soll'nse da zur Strafe nachher auch tüchtig für berappen."

„Glaubst du denn, daß die überhaupt noch komm'n? Denk doch ma' hin, djetzt isses nach zehn und um sieben wolltense da sein — Wenn wir man bloß nich in'n verkehrten Lokal sind, Kede. Denk doch ma' schaaf nach, was Karel gesaacht hat."

„Er hat gesaacht, gleich anne Ecke ... hick ... fisawie von'n Tunnell."

„Dja, aber ich mein, könnt dja ma' angehn, dasser 'n ganzen annern Tunell gemeint hat."

„Och was! Den hier bei'n Freimakt. Kommt dja doch anners gakeiner in Frage. Du machst ein'n ganz durchhin. Ischa doch ohne die Mannleute auch ganz vergnügt. Lasse sausen nach Oslebshausen! Prost, Madda! Auf die schöne Harmenie von unsere treue

Freundschaft. Du bist die allerbeste vonner ganzen Welt. Ümmer bis du diedjenigewelche, die nie ein'n Streit vermeiden tut. Mir kommste ümmer so vor wie son Plättbrett... nee, ich mein, Plätt-... hick ... eisen."
„Und du kommst mir so vor, als wennde ziemlich staak ein'n in'n Timpen hast."
„Eech? Kein büschen! Wie kommste da auf?"
„Du hast dja all 'n Schluckopp... das is das beste Zeichen."
„Ganich waah! Den hab ich in'n Rotor gekricht, wie ich da wie son Kloon anne Wand angebackt hing. Kann auch vonne Schlickerbahn gekomm'n sein oder vonne Bul... hick... djongwurst."
„Denn mach da doch endlich ma' was gegen, Kede, Schluck ma' dreimal hinternanner ohne Luft hol'n runter."
„Einfach so dröge runterschlucken? Nee, da hab ich keine Lust zu. Wenn ich runterschluck, denn wi'ch da auch was von haben. Herr Ober! Bitte noch zwei.. hick... Scherribrändi."
„Ich weiß noch 'n anneres Middel, Kede. Da brauchenwer aber'n langes Getränk für. Du hast da dja noch dein'n Pott Bier zu stehn. Paß auf... du mußt dir mitte Daumens alle beide Ohrn zuhalten, und mitte Middelfingers klemmste dir feste die Nasenlöcher zusamm'n. Und denn mußte soviel trinken, wiede eben kannst. Komm, ich halt dir das Glas hin."
„Meine Güte, das ischa 'n furchbare Proze..hick...dur. Da vertüdelten sich dja vollständig bei."

„Zu, nu trink! Feste schlucken! Noch mehr ... man gleich den ganzen Rest ... sooo! So'st ma' sehn, das hat aber geholfen, das funkschoniert ümmer. Kuck ma' zu ... isser weg?"
„Waat ma' ... Dja, weiß Gott, er is tatsächlich weg. Was'n Segen! Nee, also das mussen dir lassen, Madda, du weißt doch für alles und djedes das ... hick ... hick ... Haste Töne? Kaum is der alte weg, hat'n all wieder 'n neuen. No, lass'n ... ischa egal. Prost, Madda! — Hör ma', wenn Karel und Heini komm'n, denn woll'nwer se ma' so richtig auf'n Aam nehmen. Denn tunwer so, als wennwer blitze ... hick ... blau wär'n."
„So tun is gut. Ich seh sowieso schon den Himmel für'n Dudelsack an. Hab dja bloß son schändliche Angst davor, dasse uns hier sitzenlassen. Denn sindwer aber schön aufgeschmissen. Ich mein, das ischa klaa, wennwer nich bezahl'n könn'n, denn weckt der Wirt sofort beie Polizei an, und denn nehm'nse uns einfach mit nache Wache."
„Och, Madda, du machster aber auch was von. Ich kann dja nich mehr tun, als daß ich beigeh und laß mein Pelzboa zum Fand hier. Ich mein, soviel wirter dja wohl wert sein ... ischa echtgefärbten Fuchs. Nu mußt auch nich son alten Spielverderber sein, wo ich djust so schön in Faaht bin. — Kuck ma', an'n Nebentisch, da sindse so in Stimmung. Woll'nwer uns da nich 'n büschen ran rangiern? Ischa Freimakt, Madda ... da find't bestimmt keinein'n was ... hick ... bei."

„ICH MACH JEDEN SCHANDUDEL MIT“

„Och, Madda, würd'ste mit wohl 'n klein'n Gefalln tun? Ich hab hier 'n Cuweer, könntst mir das wohl 'n büschen gut aufverwaahn? Da is nehmlich das Geld füre Winterkartoffeln in. Wenn ich das in'n Hause zu liegen hab, denn bin icher bange für.“

„Wieso? Hast Angst, daß dir das einer moppsen tut?“

„Nee, das nich, aber ich saach mir, sicher is sicher. Mußt ümmer denken, Freimaakt dauert elf Tage. Und wie ich mir kenn'n tu, geht das denn nachher man einfach so in'n Gribbeldigrabbsch mit auf.“

„Dja, Kede, is besser, man schiebter sich 'n Riegel vor. Wenn'n eerssmal drin is inne Rabbuje, denn feift'n auf'n ganzen Kaneel. Und dies Djahr besonners. Soll dja gewaltich werden, stelln dja ganz Brem'n auf'n Kopp.“

„Djä, man zu, ich mach djeden Schandudel mit. Kommt allens aufe Finanzen an, auf den verflixten Nervus drehrum ... der isser dja nu mal zu nötich, sonst hat'n da dja kein'n Djux von.“

„Ich hab mir auch all hin und her überleecht, ob'n nich auf ürgend 'n Aat noch zu 'n büschen was komm'n kann. Gestern bin ich beigegang'n und hab unser Huck in'n Keller riwidiert, die ganzen alten Schrappscheern rausgewühlt. Da hat mir Guste Pielstick neulichs auf gebracht, die verkauft all sowas ümmer und macht sich da Freimaaktsgroschen von. Und wie der Zufall das so will, wie ich so an'n Kramen bin, da bölkt einer aufe Straße: ‚Knooken und Plünn'n!' Ich zufort nache Tür hin, hab den Mann reingewunken und ihn das ganze Zeuchs gezeigt. Djä, meinter, für das Alteisen und die Buddels, da wollter wohl'n Maak zwanzich für geben. ‚Is gut', saach ich, ‚und was is mit den guten Nußbaum-Waschtisch mit die aufgemahl'ne Maamorplatte? Und den schönen durabeln Nachtstuhl? Woll'n Se das auch miteins mitnehm'n?' — ‚Dja, gewiß', saachter, ‚wenn mir das einer mit auf'n Wagen raufhelfen tut.' Er war nehmlich man 'n büschen schwach aufe Brust, selber konnter kaum was böhrn, hab ich meist alle alleine gemacht. Und wie wer glücklich allens rauf hatten auf seine Ruddelkarre, da saacht der Kerrel: ‚Tschä, beste Frau, für den Abtransport müssen Se mir aber noch 'n Maak zugeben. 'n annern Tach hätt ich die alten Schabracken ganz gerne für umsonst mitgenomm'n, aber ... ischa Freimaakt, und unser' Kinner woll'ner dja auch mal hin.'"

„Mensch, Madda, das dusselige Gesicht von dir, das hätt ich dja zu gerne gesehn. Aber laß man gut sein, Hauptsache, einer hatter was von, da kommt'n denn auch wohl noch überwech. Saach ma', wie is das denn nu mit unsern Programm? Daßwer da nu man djaa nich mit in Komfujion komm'n ... also morgen gehnwer eerssmal mitte Kinner hin, Sonnahmt ganz groß mitte ganze Gitsche von'n Kegelklub, Sonntach mitte Verwandten aus Auswärts. Und einmal legen unsere Herrn Gemahls dja auch bestimmt wieder 'n Alleinsolo ein."

„Dja, leider, Kede, da komm'n wer wohl nich um rum. Weißte, gerne duld ich dascha nich grade, und ich denker djetzt all mit Angst und Schrecken an. Kann dja denn doch zu leichte einer bei zu Mallör komm'n. Wenn ich da an denk, an alle die lütschen Deideis, die da aufe Karezells rumzwutschern . . . stell dir ma' vor, wenn das nu ma' eine djust auf mein'n Heini abgesehn hat. Der kann sich dja so furchba schlecht wehrn. Wenn ich nich mit ihn an Hand geh, denn isser dja hülflos wie'n lütsches Kind."

„Nee, also da brauch ich dja nu bei Karel kein büschen bange für zu sein. Er kann dja 'n ganzen Brechangel sein, aber treu isser, da kann ich auf ab."

„Djadja, ümmer bloß solange wie's dauert. Ich mein, von Natur is Heini dja auch djust kein Dongdjuan. Aber wenn se Freimaaktsluft inne Nase kriegen, mittenmal überkömmt ihnen das djee, könn'n sich denn dja vor Weelichkeit ümmer nich bergen. Ogottegott nee, wenn die unter Segel sind, denn krich ich dja die ganze Nacht wieder kein Auge zu."

„Man gut, daß ich mir um Karel gakeine Gedankens machen brauch, ich schlaf denn dja auch ümmer wie'n Baum. Wenn'n bloß nich wieder auf son dusselige Aat hochgepüstert wird wie in vergangen Djahr. Hab ich dir das damalssen einklich ganich erzählt? Nee? Paß auf: das mocht wohl all so gegen Morgen gewesen sein, mittenmal pingelt das wie wild unten anne Haustür. Ich denk, da macht einer Askram, und scher mir da weiter ganich um, Karel hatte dja Schlüssel. Aber das pingelte und pingelte, ümmer in eine Tour wech. No, ich denn dja nu hoch, geh nach'n Fenster, mach leise auf, kuck runter, und seh da in'n Dustern wen in'n Eingan stehn."

„Ich weiß all Bescheid, Kede . . . die vermucksten Liebespaare, die lehn'n sich bei uns auch öfters anne Klingelknöpfe an."

„Dja, und ich glaub soga, das war die Sengespecksche mit ürgendson Fidi. Weißt doch, die ausse vierten Etaje, das is nehmlich 'n ganzen Feger is das. No, ich denk: töf man . . . nehm die Wasserkruke und pulsch die beiden den ganzen Segen übern Kopp."

„Mensch, sauber, Kede. Denn hatte das dja wohl'n Enne mitte Pingelei."

„Dja, war so auf'n Stutz vorbei. Aber denn kam was gediegenes . . . eben daß ich wieder nach'n Bett hin war, da kommt Karel rein . . . klitschenaß von oben bis unten! Wie er da bei gekomm'n is, da bin ich heute noch nich hinter, hatte dja ganich gereechnet."

„Hchott, Kede, das hängter mit zusamm'n, was einer so an Flüssichkeit in sone Nacht verkasementuckeln tut. Wenner voll is, schleecht ihn das nach außen, kann dja ganich anners."

„Tschä, Madda, was willste da an machen? Lasse man . . . ischa Freimaakt."

BLAUE WÄSCHE

„Moin Heini! Ich wollt man sagen... ischa heute unser letzter Strohwitwersonntag... ich mein, wenn morgen unsere beiden Dragoner aus Vilsen wiederkommen, denn is sowieso zappenduster... wie wär das mit'n lütschen Frühschoppen?"

„Hab garkein Zeit, Karel, muß erssmal rein Schiff inne Bude machen. Das sollt'n doch nich für menschenmöglich halten, was sich so in zwei Wochen für'n Schiet ansammeln tut."

„Och Mensch, da quäl dich doch nich lange mit ab. Vörzehn Tage ham die Fraunsleute Ferjen gehabt, denn sollnse nu auch ruhich wieder orntlich was tun. — Brauchst doch bloß allerwergens 'n büschen überwentlich zu fegen. Komm, geb mal her den Besen, ich will dir eben zeigen, wie man das macht... so — djittdjitt, runter damit, unnern Sofa! Nu heb den Teppich mal an eine Ecke hoch... so — da kommt der Rest unner — djitt — ferdich is die Laube! — Zu, und nu bind dir gau 'n Kragen um, und denn kommste mit."

„Kann ich doch nich, Karel... hab doch die Wäsche auf Feuer."

„Wäsche?! Mann, inne Tonne, was denn für Wäsche?"

„Ochhott, mein Bettzeuch und so was. Das war dja pottenschwarz, da muß ich mir wohl mal inne Dunität mitte Stiefel reingelegt haben, und Pussi und der verdammte Köter habener sich auch öfters mal mit reingeschlichen. Und die Handtücher, die war'n vielleicht schidderich! No, da hab ich allens in Weckpott gestoppt, mitsams meine Hemden und Socken, und nu kocht das auf'n Herd. Kuck, denn gibt das da nich erst langes Palaber um."

„Hast Angst, daß de von dein Frau was auf'n Seesack krist, was? Du bist mir'n schönen Kliebenkieker! Wie lange kocht der Krempel denn?"

„Djä — waat mal... djetzt isses elf — no, so gut zwei Stunnen. Meinst, daß das genug ist?"

„Sicher! Man raus damit und rauf aufer Leine! Mensch, hast den Pott aber reichlich voll gemacht, hängt dja oben überwech. — Komm, wir kippen den ganzen Klumpatsch eerss mal inne Balje... Rrumms!!! — Jii... was's das denn?"

„Laß mal sehn... Och du krist die Motten... mein eines Hemd! Ganz angebrannt und djust aufe Brust! Wie kann das nu bloß angehn?"

„Tschä, Heini, da steh ich auch vor einen Rätsel. Ober dor ischo nu doch keen Helphol mehr an... Schmeiß man gleich in'n Ascheneimer."

„Um Gotteswilln, ick will mi woll wohrn — daß Madda das da in findt."

„Denn mach da'n Paket von, und denn lassenwer das nachher unnerwegens ürgendwo liegen. Was hast hier denn für grüne Prummels mit reingeschmissen?"

„Das weiß ich auch nicht. Sollten das wohl meine Strümpfe sein?"

„Sindse mal gewesen! Hier, pack gleich mit in Paket! — So, das annere wird'n büschen ausgekuddelt...

man bloß nicht so lange mit aufhalten. — Was stierste denn so?“

„Ich kann mir nich helfen, Karel, aber wir ham in’n Leben noch kein blitzeblaues Bettzeuch gehabt... das hat sich dja eigenartig verforben... das will mir nich in Sinn.“

„Weiß der Deubel, was du damit aufgestellt hast. war das denn vorher weiß?“

„War es, Karel, war es. Da kann ich auf schwören. Ob da vielleicht noch’n Rest Bickbeern in den Weckpott war? Madda hat dja neulichs welche eingemacht. Mensch, das geht dja nie wieder raus!“

„Heini, ich weiß... das muß aufe Bleiche! Hier auf’n Balkong, da wird der ganze Plünnenkram fein akrat ausgebreitet. Ischa wunnerbare Sonne, die zieht das alles von ganz von selbst wieder raus!“

„So’n Mul mok man, denn willt dat Fleiten woll lehrn!“

„Nu mach keine langen Bibelsprüche. Faß lieber mit an, daß wer weiterkomm’n. Sollst mal sehn, wenn wir nachher wiederkomm’n, is die ganze Wäsche schlohweiß!“

„Hmm... und denn sind wir blitzeblau!“

... DENN KANN DJA GANIX PASSIERN

„Komm, Madda, wolln uns ma' ehm da aufe annern Seite, bei'n Europa-Kino, die Billers anbekucken."
„Neenee, hier an'n Herdentor geh ich nich übere Straße. Das ischa Selbsmord, Kede. Laß uns lieber 'n lütschen End weiter runter gehn, bis nache Sögestraße, da is das nich so gefehrlich, weil daß da Lampens sind."
„Dja, meinswegen. Du, das hätt ich aber nich von dir gedacht, daß du soon Bangebox bist ... bischa sonst so reselut."
„Dja, Kede, mitte Reselutichkeit is das aufe Faahstraße auch nich mit getan. Ehrer daß'n sich versieht, liecht'n einerwegens unter und wacht mit'n abbes Bein auf'n Krankenhaus wieder auf. Nee, besten Dank! Passiert dja doch djeden Tach was."
„Och, Deern, du machster aber auch was von. Wenn die Leute ihre Glubschaugen man bloß alle richtich aufmachen wollten. Aber nee, manche baseln dja auch man einfach wie'n Huhn ohne Kopp für bast. Ich saach ümmer, wenn einer sich strickte anne Verkehrsregelung halten tut, denn kann ganix passiern."
„Dja, wenn! aber glaub man, Kede, auch denn kannste noch mächtich inne Bedrullje komm'n. Du müßtest bloß einmal so umme Mittachszeit rum mit'n Rad durche Stadt faahn, denn biste aber bedient. So wie ich gestern, wie ich nache Hambur-

ger Straße hingestrampelt bin. Das war dir'n schöne Tottuer war dir das."

„Versteh ich ganich. Man braucht sich dja man bloß ümmer ganz rechts an'n Trittoah zu halten."

„Tschä, so schlau bin ich auch, Kede. Aber eersmal könn'n vor lachen. Von'n Brill durche Obernstraße bis nach'n Steintor runter halten dja lauter Autos an'n Kantstein."

„Dürfense dja ganich, Madda, ischa Paakverbot. Steht dja allerwergens an."

„Hchott, Kede, du mußt nich ümmer von'n großen Christopher schnacken, wennde den lütschen noch nichma' gesehn hast. Wer saacht dir denn, daß die da paaken? Die stehn da dja man bloß. Diewelchen tun sich entladen, und diewelchen tun sich beladen. Da sieht'n bloß nich viel von. Aber nu hör zu, wie mir das gestern gegang'n hat: ich schlängel mir also möchlichst dichte ümmer an die abgestellten Autos an lang, nich? Und mittenmaal... kurz vor'n Sielwall, da reißt einer djust vor mir seine Tür nach links zu auf und will dja wohl aussteigen. Kede, wenn ich nich noch in'n allerletzten Au'mblick 'n Haken geschlagen hätt, denn wär icher batz gegenan gebrasselt. Und daß ich dabei nicht mit meine Reifens inne Straßenbahnschiene reingeglitscht bin, das wunnert mich heute noch. Denn wär ich auch todsicher in'n Buddel gewesen. Hinter mir kam nehmlich in vollen Kudjee 'n Elektrische angesaust."

„Mensch, schweich still... ich werd da ganz übel von. Ischa unerhört von den Kerrel. Sowelche sollt'n glatt anzeigen, wenner das nichma' weiß,

daßer rechter Hand aussteigen muß."
„Müssen mußer das überhaupt nich, Kede. Da gib's keine Vorschrift über. Umkucken soll'nse sich vorher, dja. Aber manche hab'n das denn so drock, dasse das ganz vergessen. Und der Radfahrer is denn nachher ümmer der bukschte Hund."
„Dja, das kennt'n dja. Die solln aber man bloß stille sein, die da so dickdräwsch in ihre Karosse in sitzen, mit all das Blech und die Polsters umzu, die geht das lange nich so leichte ans Leder, wie son'n aamen Menschen, der sich baaft und bloß auf sein Rad abpetten tut."
„Tschä, nich? Sons, ich muscha sagen, den größten Pik hab ich auf die, was so die Halbstaaken sind. Die mein'n dja wohl, sie müssen sich so recht was hervortun, und djägener denn wie die Ohmwätenen auf los. Die Älteren, die sind dja ganich so, die nehmen viel ehrer 'n büschen Rücksicht auf unsereins, egal, obse in'n Lieferwagen faahn oder inne feine Limmesine. Ich hab all manchein unnerwegens begeechnet, der war soo nett, daß ich an'n liebsten von mein Rad gestiegen wär und ihn vor schier Dankbarkeit in'n Aam genommen hätt."
„Das krist du glatt fertich. Aber laß das man lieber nach, du. Bei son liebevollen Verkehr kommt der Verkehr am Enne noch mehr durchenanner. — Määnsch, kuck ma', wer da drüben inne Sögestraße geht! Das ischa Mudel! Komm schnell, laß uns rüberlaufen!"
„Dja, man fix, daßwer ihr noch zu fassen kriegen. — Kede, was is los? Der Polizeionkel bölkt dja so laut. Der meint uns dja wohl nicht, was?"

„Ohgoddegott, djaa… war dja noch rotes Licht!
Man schnell wieder um!“
„Nee, rüber, Kede!“
„Nee, zurück, Madda!“
(Huiii… wie die Bremsen mal wieder quietschen!)

OH — DIESE QUEESENPÖTTE!

„Moin, Madda. — Biste ferdich? Mach zu! Ich hab das schnaubendrock. Is all gleich acht!"
„Och, Kede — geh man alleine. Ich bin heute ganz kladderich zuwege, hab gakeine Lust."
„Was?? — Nu mach ein'n aber nich ins bläern! Die ganze Woche sindwer von ein Laden nachen annern gescheest, und ausgerechnet die Reste-Tage wiste dir auße Nase gehn lassen? Mensch, das's doch der Kluh vons Ganze."
„Nee, Kede — mich sitztes alles bis hier oben. Heini hat mir dja ma wieder die ganze Simfonie verbummst."
„Wo hatter denn was über zu schnauben gehabt? Der alte Queesenpott!"
„Übern Ausverkauf! — Weißt, wasser gesaacht hat? Wir liefener bloß aus schier Schandudel hin. Waswer ans Haus schleppen täten, wärn dja meist lauter Schrappscheern."
„Och du liebe Zeit. No, weißte, da sollste nu aber all bald hinter sein, daß die Männer da nich mehr von verstehn wie die Kuh vons Tanzen. Opper das saacht oder die Katze miaut — da must ganich nach hinhörn."
„Djea — aber du weischa selbs, was das fürn eigen'n Krauter is. Dabei hab ich doch ümmer man bloß zugekuckt, daß ich für ihn auch'n büschen was Hibsches mit ergattern tat. Aber mach den ma was

nache Mütze! Das Nochmalhempt, sachter, das wär für Roland und die drei Schlippse wärn Maake Fingstochse, da sollt ich man Ostereier mit färben. Aber dasse bloß alle zusamm'n eine Maak gekost't ham, da gehter ganich auf ein."

„No, tsiehste, da kannst doch bloß über lachen, Madda. Mußt nich denken, daß ich nich auch mein steifen Ärger gehabt hätt. Wie ich gestern zu Hause kam mit die ganzen Paketen, denk ich wunnerst nich, was Karel über mein neuen Hut staunt für Einsfümmunneunzich, den ich auf hatte. Denkst, der hat das gemerkt? I wo! Ich stell mir noch extra in Positur, und da saachter: du solltst dir in Ausverkauf man mal 'n neuen Bonni kaufen, Mudder, deiner sieht all reichlich tumbacken aus. — Sowas, das geht mir dja weit vorbei."

„Aber wenn'n denn auch noch die paa Bratwoaste untere Nase gerieben kricht, diewer uns nach all die Djachterei an Liebfraunkirchhoff zu Gemüte geführt ham, denn komm'n ein'n aber langsam die Haare hinten hoch."

„Bischa dusselich genuch, daßde ümmer alles erzählst. Sagen uns die Heern vielleicht, wasse abends inne Wirtschaft verkasematuckeln? Lasse man ruhig quasseln, Madda — nachher, wenn die Wohnung so prick aussieht, mit neue Bezüge übere Sofakissens und geblümte Vorhänge vore Fensters, denn sind wir wieder wacker Polli."

„Tschä, Kede — und wenn'n das so richtich nimmt, denn hab ich doch für die dreißich Maak, die ich bis djetzt vermöbelt hab, einklich 'n ganz schönen Bulten gekricht, nich?"

„Und denn mußt auch berechnen, daßwer elf Tage fürn Dahler Spaß davon gehabt ham, macht zusamm'n dreiunddreißich Maak. Kuck, denn sind'r noch drei Maak bei über."

„So is's richtich, Kede. Denn muß ich dja doch wieder mit. Ich wollt dja auch so gern noch'n Rest für'n schickes Deerndelkleid ham. — Waat ehm — ich bin gleich ferdich."

DA KANN KEINEIN GEGEN AN

Vor der Theke in der „Stumpfen Ecke“ haben sich die abendlichen Stammgäste versammelt. Es ist sieben Uhr. Die Gespräche plätschern vorerst sanft dahin. Etwas abseits, am Fenster, steht Heini und guckt, das Halbeliterglas gegen den Bauch gedrückt, nach seinem Freund Karl aus:

„Ich versteh das nich... wo bleibt der Kerrel bloß?“

„Am Enne isser krank“, mutmaßt einer der Kumpane und gesellt sich zu ihm.

„Denn müßte ihn all über Nacht der Hals zugewachsen sein, sonst wirter sich ja wohl noch bis nachen nächsten Bierhahn hin krabbeln könn'n.“

„Kann auch dja sein, daß bei ihn in'n Hause was mulmich is... Krach mit Kede oder so.“

„Dja, tssiehste, das isses dja grade, warum mir sone innere Unruhe quälen tut. Ich hab mit Madda nehmlich auch Stunk gehabt.“

„Wieso? Machste das mit Karel denn immer auf ein'n und denselben Tach ab?“

„Das könnt heute ganz gut so hinkomm'n — wegen den Ausverkauf. Geht doch nu wieder los, daß die Fraunsleute das Leit unnern Steert kriegen... verneihn das ganze Haushaltsgeld, und unsereins kricht die ganze Zeit verlängerte Bohn'nsuppe vorgebaxt.“

„Tschä, Heini, da kannste nix an machen. Das überkömmt unsere Damens djedesmal wieder wie sone

Naturgewalt, da könn'se nu ma' nich gegenan."
„Och, das wollnwer ihn'n wohl zeigen. Man muß ihn'n eben von vornherein den Wind ausse Segel nehmen. Ich hab mir das gestern mit Karel hin und her überleecht, und da sindwer uns übereingekomm'n, daßwer unsere Fraun nich eher wieder Geld zwüschene Fingers geben, bis daß der Ausverkauf vorbei is."
„Geht dja ganich... müssen dja doch was zu essen kaufen."
„Nix! Was umbedingt an Fressalien nötich is, das besorgen wir. Da hab ich Madda eben eindeutig von in Kenntnis gesetzt."
„Djunge, das hat wohl 'n schönes Gebluchter abgegeb'n, nich?"
„Hab ich ganich nach hingehört. Nee, also da bin ich dja nu eisern. Aber was is mit Karel los?"
„Der scheinter nich so recht mit durchgedrung'n zu sein. Kede, die will ihn wohl putzen, von der krichter aber Kattun."
„Kuck ma'... da kommt einer an, von den sind vor lauter Pakete bloß noch die Beine von zu sehn..."
„'nabend!"
„Mensch, Karel... du bist das! Was hab'nse denn mit dir gemacht? Vermiet'ste dir djetzt als Pack-Esel?"
„Zu, zu, schnack nich so lange. Siehst dja, wie ich mir abpungeln tu. Nehm mir den Kram doch ma' ab. Ich hab all 'n Ramm in'n Aam."
„Was machste denn auch son Quatsch un holst gleich für'ne ganze Woche Lebensmiddel in'n voraus ein."

„Wer saacht dir denn, daß da Lebensmiddel in sind? Dja, losgezuckst bin ich vor zwei Stunnen, weil ich Steckrüben und Schweinebauch kaufen wollte für morgen, aber da bin ich ganz überwech gekomm'n. Hab auch kein'n Fennich mehr aufe Naht. Kannst man 'n Pott Bier für mich ausgeben."
„Wo bist du vogeliger Hund denn bloß gewesen?"
„Auf'n Ausverkauf!" (Allgemeines Hohngelächter.) „Euer dusseliges Gemecker laßt man dreist unnerwegens, ihr Teepötte. Ihr könnt dja ganich mitreden. Hat einer von euch all djemalsen inne Schaufensters reingeguckt bei'n Ausverkauf? Nee! Morgens, rein inne Lektrische und nach'n Geschäft und abens, raus ausse Lektrische und an'n waamen Ofen. Und ihr wollt den Babbel da über aufreißen?"
„Du haster dja gestern selbtst noch was über zu schnauben gehabt. Von wen haste dir denn nu mittenmal verlocken lassen?"
„Vonne Preise, Heini, vonne Preise! Die schmeißen ein'n dja glatt um. Ich bin dja nich mit'n Dummbeudel bekloppt und laß mir sone Gelegenheit außer Nase gehn. Hab ein'n Laden nach'n annern abgeklappert."
„Denn laß dein'n Raub doch ma' sehn."
„Kuck an, nu seiter da alle schaaf auf. nich? Biddesehr... ich will euch gerne die ganze Kollekschon vorlegen. Eerssma' ein Griff in die große Tute. Hier: ein Damenhut mit Federquast, zweifümmunneunzich! Hab ich gleich vier Stück von genomm'n. Nu soll Kede mir die nächsten paa Djahre bloß nich komm'n und djammern, dasse nix aufzusetzen hat."

„Weißt dja ganich, ob der ihr steht, Karl.“
„Ochhott, das ischa die Fraun ganz pottegal. Hauptsache, dasser neu is. Und hier: zehn Meter karierten Seidenband, bülliger wie Rullohschnur, da kannse sich die Bonnis denn dja mal ’n büschen mit verännern. Das, was ich djetzt auspack, da bin ich dja nu ganz besonners stolz auf. Lang ma’ in den Kattong, Heini. — Was? Sind das nich wunnerschöne, durabele Kaffeetassen? Acht Millimeter Dickte! Ümmer der Blahm um das gute Potzelan macht ein’n dja wahnsinnich. Auf diese, da muß einer all mit’n Schmiedehammer auf rumwammsen, bisser die in Dutt hat.“
„Und was haste mit die bunten Blum’npötte vor. Wi’ste da Peterzieldje in säen?“
„Blum’npötte? Da stand doch an ‚Aschenbecher mit kleinen Fehlern‘. Ich dacht noch, tssieh, das’s endlich mal ’n vernünftiges Fommaat, da geht wenichstens was rein. — No, Heini, aber so in’n Allgemein’n saach ma’ selbst... is das nu was oder is das nix?“
„Hchott, Karel, das ischa nu Geschmacksache, nich? Aber mir deucht, ich laß denn doch man lieber meine Frau in’n Ausverkauf muddeln.“

ICH GLAUB'ER AN

„Madda, ich bin dja vollständich vonne Socken! Ich binner hingewesen, nach die Horoskop-Tante! Also, da kann sich kein Mensch 'n Büld von machen, was die ein'n alles so batz auf'n Kopf zusagen tut. Bist schön dumm, daßde nich mitgegang'n bist. Ich weiß nu djedenfalls von allen Bescheid und was in Djahr Neunzehnhunnertfuffzich los is. Ich kann dir sagen, das war mich der Dahler wert."

„Mensch, Kede, geh mich doch auf'n Puckel sitzen mit deine Steernkuckerei. Ischa alles Keese. Ich glaub doch nich an Hexen und Blaufärben."

„Hoch — da steckt bestimmt mehr hinter, wie hinter deine dusselige Kaatenlegerei."

„Kede, nix gegen meine Kaaten! Die kenn'n mir nu schon so viele Djahre, und was die sagen, da kann ich mir ümmer fest auf verlassen. — Du kanns mir doch nich anschnacken, daß son fremdes Mensch auße Steerne sagen kann, wenn ich aufe Kellertreppe in Dustern übern Kohl'neimer stolpern tu, wie neulichs. Tschä — inne Kaaten war das aber den Morgen all deutlich zu sehn: Fehlschlach übern kurzen Weech inner Abendstunde."

„P — mit sone Lappali, da gibt sich diese Frau ganich mit ab, Madda. Die rechnet das doch aus, auf'n Pappier. Un denn saachtse dich eerßma, wasde fürn Tier bist. Ich wär 'n Widder, hatse gesaacht, das ischa wohl son Aat Schaf, mit so runde Hörners. Da

kann'n aber dreist mit stoßen, das tut kein ein weh."
„No, denn möcht ich bloß ma wissen, was ich denn wohl fürn Kreih-Uhlken bin."
„Das könn'nwer dja mal eben nachkucken. Ich hab mich nehmlich son lütsches Heft gekauft, da steht das alles ganz genau in. Waat ma — fuffzehnten September, nich? — — Mensch, du krist'n Dot, Kalline: Du bischa 'n Djungfrau!"
Quatsch mit Soße — Djungfrau! Denkste, meine Kinner sind aus'n Blum'npott gewachsen?"
„Das hat da doch nix mit zu tun, Madda. Das kömmt doch inne Hauptsache auf den Assestenten an."
„Assestenten? Nee, Kede, mit'n Assestenten hab ich mir, solange wie ich verheirat't bin, nich mit abgegeb'n. Was mein Mann is, der wollt mir auch wohl schön kanzheistern."
„Ochott, du dumme Deern — das's doch kein Kerrel, das's doch 'n Steern. Der, der beierer Geburt djust an Himmel gestannen hat."
„Zoh? Denn wi'ch dir was sagen: Bei meine Geburt, da hat überhaup kein Steern am Himmel gestannen. Das war nehmlich mittags. Unser Mudder hatte noch grade vorher 'n ganzen Gang gepluckte Finken gefuttert — das hatse djedesmal, wenn wir die aßen, wieder erzählt."
„Och, Menschenskind, du hast eben kein'n Sinn für'n büschen was Höheres. Kuck, unser Oma die sachte all ümmer: Das gibt Dinger zwischen Himmel und Ärde, von die sich unser Schulmeister nix träumen läßt. — Denk doch ma, wo kann die Frau das sons von wissen, daß Heini son schwierige

Natur is, und daß in mich 'n künstlerische Ader schlummern tut. Und weißte, wasse noch gesaacht hat, Madda? Ich hätte sone staake Erotik, aber Heini, der wärer nich so für."

„Igitt, Kede — da läßt'n sich doch nich mit Fremde über aus."

„Ochott, sie hat dja gesaacht, das störte weiter nich. Und denn hatse noch gesaacht, ich hätt all furchba viel durchzumachen gehabt in Leben, hauptsächlich inne letzten Djahre."

„Mein Zeit, das kann'n auch wissen, ohne daß'n inne Steerne kuckt."

„Da soll der alte Saturn an Schuld sein, das wär'n Beest, saachtse. Aber der ginger nu bald zwüschenraus, und denn käm der Djupiter — das wär'n Guter, und von da an ging das denn mächtich berchauf."

„Das's mich allens viel zu überspöhnsch, denn sind meine Kaaten doch bedeutend reeller. Heudemorgen hab ichse geleecht für's neue Djahr, da stand alles so klaa und deutlich in: Das Brot laach unsern Vadder zu, der Glücksbube bei Haus, und der Tot eines ältern Heern mit großes Geld. Sost ma sehn, das's Onkel Hugo, was unser Vadder sein Erbonkel is."

„Allwiedermal? Das licht euch doch nu all Djahrenden zu."

„Tschä, und? Einmal musser auch dja dotgehn."

„Da liecht dja gakein Sinn in. Steernkuckers, die könn'n aber in Voraus sehn, was inne ganzen Welt passiern tut: Zwei hohe Persönlichkeiten werden sterben, saachtse, eine in'n Osten und eine in'n Westen. Wer das is, das daafse nich sagen, saachtse.

Und Kriech gib's nich — wenichstenst nich inne nächsten Monate. Aber in einen großen Hause an Rhein, da kriegense sich noch gewaltich inne Wolle, saachtse. — Wo das is, das daafse natürlich auch nich djeden aufe Nase bind'n."
„Ziehste, Kede, das wi'ch allens ga nich so genau wissen, da wird'n bloß plümerant von."
„Weilde da zu dösich zu bist. Ich glaub' er nu ma an. — An das Gute djedenfalls bestimmt. Und das Schlechte, das hab ich morgen all wieder vergessen."

SOWAS GIBT'S NICH NOCHMAL INNE WELT

„Nu kuck ma' bloß an, Madda... die Domuhr is all gleich viddel nach zwölf! Um Punkt zwölf wolltese hier bei'n Roland sein. Auf die Deern is überhaupt kein Verlaß."

„Wennse sich man bloß nich verlaufen hat, Kede... so allein, inne fremde Stadt."

„Och, Melieta... die hat dja sonst so'n große Klappe... kann dja man fragen. Dasse heute nu unbedingt all wieder nach'n Frisör hin mußte, das tat dja nu auch würklich nich nötich. Aber die mit ihre Mecki-Lockens... egal stehtse vor'n Spiegel und prummelt da an rum."

„Tschä, Gott... wer's mag, mag's wohl mögen. — Hatse denn schon was verlauten lassen, wie lange dasse bei dir zu Besuch bleiben will?"

„Nee... nix! Aber unser Chrissel will dja so gerne, daß ich ihr beibring, wie'n richtich kocht. Dja, und denn soll ich ihr nebenbei gründlich was von Brem'n zeigen, dasse da ma' 'n Begriff von kricht. Die tut nehmlich ümmer, als wenn unsere Stadt gegen Hamburch man bloß 'n Kaff is. Tssieh, Madda, und da mußt du mir nu'n büschen bei inne Seite treten. Is doch zu gediegen: kenn'n tut'n alles... bloß wenn'n annere Leute da was über erzähl'n soll, denn is das man mau. Gestern hab ich mich da so über geärgert! Da stand'nwer hier auch auf'n Maakt, und da fraachtese mich, was das denn einklich mit unsern

Roland für'n Bewandnis hätte. Und meinst, ich wär da so auf'n Stutz auf gekomm'n? Ich hab einfach gesaacht, das wär 'n Riese gewesen... ürgendson hohes Tier bei'n Kaiser... son Aat wie Bismaak. Da kuckte die dumme Deern da so eb'n an hoch und meint: denn müßt ich ihr Bismaakdenkmal ma' sehn, bei Sank Pauli, da wär unser Roland aber man 'n Krümel gegen! Was saachste davon? Da hättse doch von rechtswegen gleich ein'n auf'n Deckel hab'n müssen."

„Aber feste, Kede! Töf man, ich will ihr das wohl stecken. Ich weiß dja nu würklich ganz genau Bescheid mit alles."

„Dja, du warst dja auch inne Schule all ümmer eine mit vonne Schlausten. — — Tssieh, da kommt unser Melieta endlich angestiebelt! Wo woll'n wer denn bei anfang'n, Madda?"

„Tjä, ich denk, wir gehn erstma' nach'n Rathaus rein. Kuck dir das ma' an, Melieta... da kann euers in Hamburch dja denn doch wohl nich an pingeln. Unsers ischa auch zehnmal so alt."

Melitta: „Sehr nett. Von außen kennt man's ja schon zur Genüge, ist ja auf jeder Postkarte drauf, die man aus Bremen kriegt. Wieviel Jahrhunderte steht es denn wohl schon?"

„Djahrhunderte? Och... die könn'n wer ganich alle zähl'n. Ich saachte dja bereits, dasses sehr alt is. — Kuck, da rechter Hand, über'n zweiten Bogen, da is'n Klucke mit ihre Kükens in den Stein reingehauen... kannst sehn? Da hab'n sich die Bremer ihr erstes Hühnerfrickassee von gemacht, wie die Hamburger noch die Knochen ausse Faust abknabberten! — Was da sonst noch an Figur'n anne Mauer zu sehn is, die sind alle man bloß so zur Zierde. — So ... nu kommt, nu zeich ich es euch von inwendich."

„Hör ma', Madda, wi'ste nich lieber vorher den Herrn da anne Tür fragen, ob'n da djetzt überhaupt rein daaf? Ich mein, man möcht dja nich gern stör'n, und die Herrn Senaters womöchlich vonne Arbeit abhalten."

„Och, Kede, da hab'n die doch ihre Extragemächers für. 'türlich daaf'n da rein! Kuck doch, vor uns geht djust 'n ganze Schulklasse mit ihr'n Lehrer."

„Ogottegott, der soll da man bloß für aufpassen, daß die Kinner sich die Füße orntlich abpetten. — Kuck bloß ma' den Fußboden an ... da kann'n sich dja direkt in spiegeln. Möcht wohl ma' wissen, was die für 'n Bohnermasse nehm'n."

„So ... nu gehnwer einmal ganz umme Halle umzu. Ich will euch man gleich eb'n dies Bild hier erklär'n: Also da is Kaiser Kaal der Große auf zu sehn, wie er grade zu Gerichte sitzt."

Melitta: „Aber der Lehrer sagte doch eben, das wäre König Salomo."

„Och, dja, den meint ich dja auch ... hab mich bloß versprochen. — Kuck, vor ihn stehn zwei Fraun mit'n neugebor'nes Kind. Die behaupten nu alle beide steif und fest, daß das ihr Lütsches wär. Da saacht der Könich, denn wollt er man beigehn, und das einfach inne Mitte durchschneiden. Da schreit die eine Frau: nee, das sollte erbloß bleiben lassen, denn sollt er es man lieber die annere Frau geben. Da hat der Könich ihr gleich angemerkt, daß sie die richtige Muder is."

„Und was hab'nse mit die falsche gemacht? Wer kann das denn wohl gewesen sein? War die aus Brem'n?"

„Nee... das war doch in Djerusalem, Kede. — Da übere Tür das Bild, das stellt ein'n Walfisch vor. Der hatte sich vollstännich verbiestert... ich glaub, bis nach'n Stadtgraben rein. Daher der Name Wallfisch."

„Djunge, Djunge, das is dir aber 'n schö'n Feger! Hab'nse den aufgegessen?"

„Nee, Kede... schmeckt dja nich... ischa ganz galsterich... — Wo se wohl bloß mit das eine große Gemehlde abgeblieben sind, was hier ümmer hang... das is wech. Da war'n unsere Fümmunsiebziger auf, wiese bei Longdji gegene Franzosen gewonn'n hab'n. Schade... da war unser Opa nehmlich mit auf abgebildet."

„Oha... kuck dir bloß ma' da gegenüber die Fenster an... lauter lütsche Scheiben, und denn diese Höchte! Da hab'nse aber schön was an zu putzen! Aber da sind dja nichma' Gedin'n vor...!"

„Och, die sind wohl djust inne Wäsche, Kede. Djetzt, vor Ostern wird dja allerwergens großreinegemacht."

Melita: „Vor solche Fenster gehören doch gar keine Gardinen."

„Nee, nee... Kann dja angehn, daß das bei euch in Hamburch Mode is. Bei uns in Brem'n djedenfalls nich. Da gibt'n viel auf'n büschen hübsche Gedin'n."

„Kuck ma', die Schiffe, die da oben untere Decke bummeln... das wär was für unsern Kalli... da könnt er schön mit anne Weser spiel'n, aber ich glaub, wir müssen nu langsam auch machen, Madda. Hoffentlich is der dicke Reis gaa, wennwer zu Hause komm'n. Ich hab'n solange ins Bett gestellt."
„Is gut, Kede. Denn könn'nwer nächste Woche dja ma' den Bleikeller anbekucken. Sowas gibt's sonst auch nich nochmal inne Welt."

ER WAR SON GUTEN HUND

„Madda — — wö kömmst du denn her, so in alle Herrgottsfrühe? — Was weinste denn so? Liebe Zeit, siehst dja aus wie Braunbier mit Spucke."
„Och, Kede — ich binner so zwischenrausgelaufen. — Ich konnt einfach nich mehr!"
„Deern — was is denn passiert?"
„Kede — — er isser nich mehr!"
„Wer?!?"
„Unser lütschen Molly. — — Letzte Nacht isser gestorben."
„Dot? — Gott, Madda — dascha schrecklich! Was hat'n denn gefehlt?"
„Nix. — Rattengift!"
„Ziehste — saach ich dja. Wiechmanns ihre Pußi is auch all dot. Das kömmt davon, wenn die Viecher immer in die alten Trümmer rumstruntschern. — Nu sei man stille, — da mußt dir doch nich so um haben. Kuckma, war dja schließlich kein Mensch, nich?"
„Och — der war besser wie mancheneinen, das glaub man. Wer kein'n Hund hat, der kann das nich so verstehn. Unser Vadder un ich, wir ham'ner an gehangen, wie an son Kind. — Ne —ich kann und kanner nich über wechkomm'n."
„Hchott dja — er war dja auch 'n klein feines Tier."
„Un so treu! Un kluch warer dja man einmal. Da hat nich mehr viel an gefehlt, denn hätter gesprochen.

Verstehn tater dja sowieso djedes Wort. — Glaubst garnich, wie genau der lütsche Fent das ümmer gemerkt hat, wenn ich ma nich so ganz auf'n Strumpf war. Denn isser mir nich vonne Pelle gegangen, bis das ich saachte: ‚Hatter sein Frauchen denn noch lieb?' Bums, warer auf'n Schoß und gnauelte mir anne Ohrn was rum."

„Igitt, nee — das könnt ich nich haben — von son Köter."

„Du, — 'n Köter war unser Molly noch lange nich, das war 'n echten Spaneel war das, bloß dasser Steh-Ohrn hatte, und daß die Beine 'n Kleinichkeit zu lang waren — aber das war dja grade das Nüdliche."

„Hast'n denn noch bei'n Aarzt gehabt?"

„Neehee — daß der ihm womöchlich als Versuchskanickel verwenden tut! Ich hab'er alles an getan, was ich man konnte. Gestern hab ich ihn noch 'n viddel Funt Mett geholt und 'n paa Schokeladenkekse — da warer doch sonst immer rein wild auf — aber da konnter schon nichma mehr Hübsch machen. Und denn hab ich ihn noch'n Kupferpfennig in'n Hals gesteckt, das hat bei den Hund von unsern Kohlenmann so gut geholfen. Was macht man nich allens, wenn der kleine Kerrel ein'n so ankuckt, als wenner sagen wollt: Nu helf mir doch!"

„Hättst ihn man mal 'n orntlichen Löffel Rizinus eingeb'n solln."

„Hab ich dja alles gemacht — hat dja nix geholfen. — Und abens, wie unser Vadder zu Hause kam, da konnt der auch nix essen und nix trinken. Hat sich gleich neben Molly sein'n Korb hingehuckt und hat ihn in eine Tour gestreichelt; dabei hatter ihn nochma alles gesaacht, genau wie sonst: Molly — bringste Vadder denn ganich die Hausschuh? Kuck doch ma zu, wo die Zeitung is — oder woll'n wir beide eben 'n Buddel Bier holn? — Und mußt ma andenken, Kede, das lütsche Tier hat ümmer noch das eine Ohr gespitzt."

„Oochoott — ischa rührend! — Zieh, nu brüll ich schon inne Reihe mit."

„Djä — und mitten inne Nacht, da fing er mittenmal so an zu hapachen. Da is unser Vadder aufgestanden, hat sich schnell was übergezogen und is inne Kneipe gerannt. Er wollt 'n Buddel Kondjak holn — das wär die beste Medizin, saachter."

„Dja, das hab ich auch all gehört."

„Ich dacht, das Tier stirbt mir so untere Hände wech und hab bloß ümmer auf sein Herz gekuckt, das konnt'n ganz deutlich durche Rippen schlagen sehn. — No, Heini, der wußt denn auch gleich Bescheid wie er wiederkam. Stillschweigens hatter den Schnaps aufe Kommode gestellt, un denn hatter so ganz sachte die Hand unter Molly sein'n Kopf geschoben. ‚Molly', saachter, ‚mein guten, guten Hund — warst doch Vadder sein besten Freund!' — Da hat Molly nochma son ganzes lütsche Büschen mit'n Schwanz gewedelt — und auf'nmal — — da stand sein Herz still. — — Er war 'n Seele, Kede. Son gutes Mensch kriegenwer mein Tage nich wieder. Un glaub man, ich kann'er mir nich auf entsinnen, daß unserm Vadder mal die Tränen gekomm 'n sind, aber da, da hatter bitterlich geschnuckst."

„Und was is mit die Medizin geworden?"
„Kede — man weiß doch wasser zugehört! Da ham Vadder und ich uns in geteilt. Wir war'n dja seine Universal-Erben."

FRAU PENIBEL VERREIST

Der zurückbleibende Gatte nimmt, milde lächelnd, auf dem Bürgersteig noch die letzten Ordres entgegen:

„Bin ich nu auch richtig, Djulius? Sonst frag ich lieber nochmal den Mann da mit der Mütze. — Soll'n schöner Zug sein, dieser, meinte der Herr anner Auskunft."

„Dja sicher, Frieda — (denkt: schöner Zug... auch 'n selten dummer Schnack — gute Verbindung meintze, und Männer mit Dienstmützen hält sie alle für Bahnbeamte... der da ist zufällig vom Zoll.")

„Vergessen hab ich dja wohl nix, passiert mir einklich nie. — Also, in Hamburg muß ich umsteigen, nich? No, ich kann mich dja auch noch genau erkundigen."

„Dja sicher, das tu man — (denkt: Gedächtnis wie'n Sieb! Hundertmal hab ich ihr gesagt, daß sie in Lübeck umsteigen muß. Aber lasse man, denn hatse gleich Gesprächsstoff.")

„Djulius, nu mach das auch alles schön, wie ich dir das gesagt hab, hörste? Djeden Morgen eben mit 'n Mopp durche Wohnung gehn! Und denk an die Blumen auf'n Balkong, und geb Männi ab und zu 'n büschen was Grünes."

„Dja sicher, mach ich — (denkt: ick will die wat fleiten, mit dein'n Mopp! Das büschen Staub sieht dja keiner. — Und als wenn ich Männi und die

Blumen nich sonst auch djeden Tag versorgen müßte.")
„Und vergeß dja nich, dienstags und freitags den Ascheneimer rauszusetzen, sonst komm'n da Mäuse von. — Dja, und was ich noch sagen wollte ... wenn du dir mal Pfannkuchen backst, denn nehm nich die braune Pfanne, nehm die schwarze ... darfste aber um Gotteswilln nich nachher aufwaschen, denn löschtse nich mehr!"
„Dja sicher, weiß Bescheid — (denkt: aufwaschen tu ich sowieso nich ... nehm einfach immer denselben Teller.")
„Heile Strümpfe und Unterzeug liegt reichlich inne Kommode. Nich daß du mir in der Zeit in Klatten aufgehst! Was soll'n die Leute da wohl von denken, wenn dir mal was passiert."
„Dja sicher, da paß ich für auf — (denkt: besser 'n Loch im Strumpf als im Kopp.")
„Nu laatsch auch nich, wenn ich nich da bin, den ganzen Sonntag in Hemdsmaun und Pampuschen rum, Djulius. Wie sieht das aus, wenn Tante Guste kommt ... die will nämlich öfter mal nach'n Rechten kucken."
„Ssoso ... (denkt: ausgerechnet Tante Guste! De ole Snuf inne Gorde! — Sonntag wird die Pingel abgestellt und geschlafen bis inne Puppen.")
„Hör mal, Djulius, und denn geb dich man nich so viel mit Paul Freese ab, mit den alten Saufaus, der will bloß dein Schlechtes. — Und stell den Gashahn ab abends — und laß das Licht nich brennen. Ich hab ja sonst keine ruhige Minute."
„Neenee, da mach dir man keine Sorgen um, mein

Deern — (denkt: im Bett rauchen... hab ich das nötig? Heute abend wird Doppelkopf gedroschen — bis zum Wecken! Paul Freese mischt schon die Karten.")
Stimme aus dem Lautsprecher: „Zurücktreten, bitte! Die Türen schließen!"
„No, denn auf Wiedersehn, Frieda! Denn schreib auch mal."
„Oooh — Djulius! Mein Kofferschlüssel! ... Auf der Flurgarderobe ... ich wollt ihn noch extra ..."
Tsch — tsch — tsch... Dicke weiße Schwaden decken die Scheidende endgültig zu.

„MAHLZEIT!“

„Viddel nach eins“, brabbelt Mudder erschrocken vor sich hin und stürzt an ihren Kochtopf. Sie sieht ’n büschen ramponiert aus, die Haare kleben ihr am Kopf und ihre Backen glühn wie Verkehrsampeln bei Stopplicht. Heute ist Waschtag... dementsprechend ist auch ihre Laune. Und gleich rückt die hungrige Meute an, und steht das Essen dann nicht fertig auf dem Tisch, geht die Queserei los. Mudder piekt prüfend eine Kartoffel, streut ’n Spier Salz nach, schmeckt nochmal ab, verbrennt sich die Zunge und deckt hechelnd den Tisch. Da... einer kommt schon die Treppe raufklabastert, das ist der „Große“, der ist immer der erste. Kaum ist er im Windfang, hat er auch schon seinen Anranzer weg: „Kannst deine Füße nich aufheben? Schuffelst immer die ganzen Matten inne Gegend rum. Bist hier nich auf’n Fußballplatz.“

„Mahlzeit“, sagt der Große dickfällig, wirft seinen Mantel übern Stuhl und erklärt: „Aufhänger is all wieder ab, mußt mir gleich eben annähn. — Und ein’n Kohldampf hab ich! Was gibt’s denn zu essen?“

„Hafergrützsuppe mit Kochwurst.“

„Noja... ich kann mir auch was besseres vorstelln. Wieviel Meter Wurst stehen ein’n denn zu?“

„Weißt dja, wie das heißt, nich? Fleesch wat — Kotuffeln satt! — Mach Trudel mal auf.“ Es hat dreimal kurz geklingelt.

„Mahlzeit... Kinder, ist das ein Sauwetter. Nun kuckt euch das bloß an." Trudel dreht sich wie'n Korkzieher nach rückwärts und zeigt verärgert auf ihre matschbespritzten Nylons. „Kannst mir man gleich eben 'n büschen auswaschen, Mudder... essen wir denn heute?... riecht ja so komisch."
Mudder kann sich schon denken, was nun kommt. Sie macht den Nacken steif und sagt fest: „Hafergrützsuppe mit Kochwurst." Über Trudels gezogenen Flunsch und ihre plissierte Nase hätte sie wohl noch weggesehen, aber das dumme Gerede, von wegen ‚Guten Appetit' und ‚ohne mich', bringt sie in Rage: „Wennde das man ümmer hast, du dumme Deern. Meinst, ich kann dir djeden Mittach Biefstick vorsetzen für deine 30 Maak Kostgeld?"
Nun ist auch der ‚Zuckerdjung' da. Den Tornister noch auf'm Puckel, steckt er gleich seine Nase in den Kochtopf: „Was essen wir heute?"
„Was auf'n tisch kommt! Hast das verstannen?"
„Iiih... ischa Suppe,... die mag ich überhaupt nich. Kannst mir nicht 'n Fangkuchen machen?"
„Paar hintere Löffel kannste kriegen, wennde nochmal iih saachst. Essen is kein iih." Mudder stellt die Terrine mit solcher Wucht auf den Tisch, als wenn sie ausprobieren will, ob Holz oder Steingut haltbarer ist. Just in diesem Augenblick kommt Vadder dazu.
„Mahlzeit! Was is das hier wieder für'n Katzebalgerei?"
Mudder blärt schon beinahe. „Oh nee, man hatter aber auch warraftigengotts kein Lust mehr zu. Seit Klocke sechse is man all ans wurachen, und denn

haben die alten Panzen auch noch was übers Essen zu schnauben. — Nächstens geh ich nu bei und setz mir sone lütsche Gutentach-Mütze auf, die zieh ich denn vor djeden mit'n tiefen Diener ab und fraach ergebenst: Was erlauben Sie, daß ich heute kochen daaf?"

Wie sie das vormacht, und den Arm so leifig schwenkt, fängt die ganze Bande an zu gnickern und Vadder sagt tröstend: „No, bis djetzt hast du das ümmer noch ganz gut alleine hingekriecht." Und dann setzten sich alle friedlich um den Tisch und futtern wie die Scheunendrescher. Komisch ... es schmeckt eigentlich gar nicht mal so schlecht.—

„Viddel nach zwei", seufzt Mudder, als ihre Trabanten wieder abgebraust sind. Und noch während sie das Geschirr aufwäscht, taucht schon wieder die ewige Frage auf: „Was essen wir morgen?"

Ob wohl einer weiß, das sie heute zum siebentausendsiebenhundertundsiebzigsten Mal darüber nachgrübelt?

HOCH- UND TIEFDRÜCKE

„Tssieh, Kede, da biste dja wieder. Is auch man gut, bist mir all bannich abgegang'n. Und 'n Wetter haste mitgebracht vonne Reise... wie Speck."
„Pssst... halt doch den Babbel, Madda. Eerssma' den Windfang zumachen. Kommst hier anklabastert, daß das in'n Hause djeder hört."
„No, weißte... dascha 'n schönen Empfang. Ich denk, ich sollt so gegen Klocke vier zu'n Tasse Kaffee und 'n Stück Flaum'nkuchen rumkomm'n. Hast mir doch 'n Zettel in'n Briefkasten gesteckt."
„Dja, habich gestern in Dustern da heimlich reingefummelt. Sollt mich dja keiner seh'n, bin doch man bloß inkonikto hier."
„Mensch, du siehst dja gefährlich aus, Kede. Nee, so kannste dir auch nich blicken lassen. Mit den Blasenkopp! Warum haste dir denn bloß die ganze Schlachsahne in Gesicht gekleet? Hättst man lieber auf'n Flaum'nkuchen tun solln."
„Das's doch keine Schlachsahne... ischa Fettkreme. Hab' doch so'n Sonn'nbrand. Ganze Fell geht mir dja von'n Balch."
„Ochhoddochhott... no, denn man nix für ungut. Tut mir dja leid, aber ich hab' dir dascha vorher gesaacht, daß'n anne See leicht zu staak einbrenn'n tut."
„Och, woher? Hat dja die ganze Zeit mit pergamenter Bosheit gegossen. Kamen dja ümmer wieder neue

Tiefdrücke. Und djustament am letzten Tach, da kommt die Sonne durch und knallt wie unkluch von Himmel. Da habich mir denn man fix noch an'n Strand geleecht und 'n orntliche Potschion genomm'n, daß ich man 'n büschen Faabe abkrichte. Wollt hier doch nich so witschen wieder ankomm'n."

„Nee, ischa auch ärgerlich, wenn ein'n kein Mensch ansieht, daß'n inne Sommerfrische war. Ich mein, dazu isses dja auch zu teuer. Djä, und sonst? Haster denn vorher auch nix weiter von gehabt?"

„Nee, gaanix. War dja allens quitschenaß. Hab' von morgens bis ahmds in unser Pangdjion aufe Veranda gesessen. Oben das Gepladder auf'n Glasdach und 'n paa Schritte weiter das Gepulsche vonne Ostsee... gitt, nee, ich macher ganich mehr an denken. War dja die reinste Süntflut, ich kam mir all bald so vor wie der alte Archenoah persönlich. Nu wär mir dascha längst nich so verdrießlich gewesen, wenn ich wenichstens ab und an mal mit die annern Herrschaften hätt' in Wald spatzierngehn könn'n.

„Hast den Dreh nich gefunnen, von wegen Anschluß?"

„Nee, da hat's nich an gelegen. Schuld warer man bloß der lütsche Regenmantel an, da saß ich dja in wie inne Wurstpelle, vorne übere Brust ging er nich orntlich zu, und hinten reichte er man knapp übern Steert."

„Ich weiß nich, wie ich das verstehn soll, Kede... war doch 'n gute Kwallität dein neuer Mantel, der daaf doch nich von'n paa Schauer all einlaufen.

Djedenfalls, wie du hier in'n Ohnibus eingestiegen bist, da hatter noch gepaßt."

„Dja, hätt ich'n doch man bloß anbehalten, Madda. Aber wenn'n da stunnenlang auf sitzt, wirter dja so kraus. Darum hab' ich'n lieber ausgezogen und aufgehang'n. Und wie das Unglück so will... nachher bein Aussteigen grabsch ich mir inne Aufregung 'n ganz verkehrten. Sehn dja auch alle überein aus die olen Dinger. Und denn habich auch noch ausgerechnet ein'n von die Leute genomm'n, die gleich weitergefaahn sind, nach annere Badeörter hin."

„Mein Zeit, wie kann's angehn, Kede. Mußt doch auch 'n büschen besser zukucken."

„Hchott dja, nachher hat'n gut schnacken. Das ging dja so in Holterdipolter. Vorher mußt ich wohl djust 'n büschen eingedusselt gewesen sein. Mittenmal kloppt mir der Herr, was unser Männettscher war, aufe Schulter und saacht: „Sie sind da, gnedige Frau!" No, ich nu man gau meine Backsbeern alle zusamm'ngesucht, Mantel von Haken und raus. Djäh, tssieh, so kam das."

„Wann haste das denn bloß gemerkt?"

„Och, erst 'ne ganze Zeit später, wie ich die Kaate an Karel nache Post hinbring'n wollte, da goß das grade wieder so. No, ich nehm den Mantel und wunner mich all, daß ich so schwer inne Ärmels reinkomm und kuck nu erstma' in'n Spiegel. Madda, ich dacht, ich krich'n Prall! Da stand ich nu her mit das Unikum. Sah aus, als hätt das einer abgeschnibbelt. Weißte, so ähnliche Muster hab'n früher die Herrn all mal getragen. Unser Vadder saachte da Freeschieter zu."

„Dja, ich weiß wohl, die sind djetzt dja wieder modärn, hab'n so Lederknebels anne Seite."
„Hab ich ganich gesehn. Ich konnter djedenfalls mit'n besten Willn nich mit losgehn. Und mein Mantel, den hab ich doch erst aufe Rückfaaht wiedergekricht, den hat son lütscher Djüngling solange gehabt. Der Spucht hat sich das gute Stück bestimmt zweimal ums Leib wickeln müssen."
„Tschä, Kede, ich saach dja... wenn einer eine Reise tut. Aber was is denn nu mit unsern Kaffee. Könn'n uns dja man auf'n Bakong setzen."
„Nee, bloß nich inne Sonne, das kann ich nich ab. Hab sowieso 'n Pik auf ihr, den ganzen Sommer läßt se ein'n in Stich und djetzt kommt se an."
„Lasse bloß gewährn, Kede... Wer weiß, wie lange 's dauert."

DAS LEUCHT'T MIR WOHL EIN

„So, Kede... da wär'nwer. Is'n tüchtigen Maasch ganz hier raus, nich? Kumma'... Gaaten sitzt all proppenvoll. Aber da grade auf zu, da is noch 'n tisch frei. Woll'nwer uns da..."

„Och nee, Madda, da sitzt'n dja so mittenmang. Ich hab ümmer lieber gern 'n büschen was in'n Rücken. wie findste das da hinten denn, da vore Glasviranda?"

„Gitt, Kede, das ischa 'n gräsigen alten Platz... direkt nebene Damentohiledde, und denn so in'n Schatten. Nee, denn noch ehrer da vorne anne Ballestrade, mit'n Blick auf'n Pannerama."

„Um Gotteswilln! Bloß nich so dichte an'n Wasser... fressen ein'n die Mücken dja auf... krich ich ümmer gleich sone Quaddeln von. Vielleicht hier anne Seite... könn'nwer 'n büschen aufe Straße kucken."

„Nee, besten Dank, Kede. Meinst, ich will den ganzen Staub vonne Autos schlucken? Aber wie saacht dir das da drüben denn zu, unter den Fliederbeerbusch? Da sitzt dja bloß 'n einzelnder Herr an... son dicker, gemütlicher. Woll'nwer uns da nich einfach mit ranrangdjiern?"

„Tschä, man zu, Madda. Geh du aber vor. Mußt das bloß 'n büschen flei anbring'n."...

„Och Sie wer'n entschuldigen, mein Herr... hätten

Sie da wohl was auf entgegen, wennwer uns bei Ihn'n ..."
Der Gemütliche: „Bitte, bitte ... nehm'n Se gerne Platz, meine Damen."
„Besten Dank auch. Denn sindwer so frei. Ich mein, wir machen dja auch weiter kein'n Stör ... kön'n uns dja man hier anne annern Kante hinsetzen."
Der Gemütliche: „Aber wieso denn? Komm'n Se ruhich näher ran. Ich bin 'n haamloses Gemüt, oder seh ich vielleicht so aus, als wenn ich Ofenschrauben abbeiß?"
„Nee, in'n Gegenteil! Hab'n sich aber 'n feinen Tisch ausgesucht.
Der Gemütliche: „Dja, nich? Wie der Bremer so saacht, besser wie auf'n Domshof inne Putten. Hier merkt man wenichstens nix von den Wahlrummel. Inner Stadt geht das heute noch hoch her."
„Och dja, richtich, morgen ischa Wahl. Hab ich ganich mehr an gedacht. No, mir soll's egal sein, ich geh'r dja doch nich hin. Du auch nich, nich, Kede?"
„Nöö. Die woll'n auch wohl zugange komm'n, ohne daß wir beiden Hübschen da unsern Senf zu geben. Sind dja genuch, die sich danach drängeln tun."
Der Gemütliche: „No, nu tun Se mir aber 'n Gefall'n meine Damen! Wenn das nu mal djeder sagen wollte ... wo käm'n wer denn da hin?"
„Hchott, wissen Se, wir verstehn'r dja doch nix von. Unserein'n hat so all den Kopf voll genug. Soll'n ein'n bloß mitte Poletik verschonen. Da hab'n wer nix mit in'n Sinn, nich, Kede?"
„Nee ... ich hörer auch all garnich mehr nach hin. Versprechen tunse ein'n alle dja ümmer goldene

Berge, dabei saacht djede Pattei vonner annern, dasse alles verkehrt machen täte."

Der Gemütliche: „Da muß man eben auf'n Kiewief sein und hinter die Kulissen kucken. Und djeder hat die verdammte Flicht..."

„Behalten Se bitte ma' eb'n Ihr Wort... hätten Se nich vielleicht Appetit auf'n schönes Stück Zwetschenkuchen? Is selbstgebackener... könn'n Se ruhich essen. Wir hab'n 'n ganzen Gang mit."

Der Gemütliche: „Zu gütich... aber nich, wenn ich Sie da um beraube. — Sehn Se mal... djede Pattei hat dja doch selbstverständlich ihre Richtlinien..."

„Schade... is'n büschen matschich geworden... war noch zu waam, wie ich'n eingewickelt hab. No darum willer uns doch wohl schmecken."

Der Gemütliche: „... also wie gesaacht, ihre Richtlinien, die besonders von den Frauen beachtet werden sollten, und dazu..."

„Dja, nee, das wi'ch wohl glauben. Aber sagen Se ma'... kommt hier einklich gakein Kellner?"

„Ich kuck auch all ümmer, Madda. Man kommt dja rein um vor Dohrst."

Der Gemütliche: „Is wohl grade ziemlich viel Andrang. Aber was ich noch sagen wollte..., tja, also da sollten sich die Frauen denn doch über klaa sein, was sie erreichen könnten, wenn..."

„Wennwer man bloß erssma' erreichten, daßwer 'n Kanne Kaffee krichten. Was denken die Leute sich hier denn einklich... ischa un-er-hört! Soll'nwer unsern Zwetschenkuchen vielleicht so trocken runterwürgen?"

„Nee, das woll'nwer nich, Madda. Hab'nwer dja

auch ganich nötich. Könn'n unser Geld eb'nsogut annerwergens verzehrn."

Der Gemütliche: „Is doch gediegen... Frauen wissen meist nie, wasse woll'n, aber wasse nich woll'n, das wissense alle ümmer ganz genau. Stimmt's oder hab ich recht?"

„Dja... kann wohl angehn. Aber Se wer'n Ihr'n Schweichstill auch wohl nicht halten, wenn Ihn'n was nich nache Mütze is."

Der Gemütliche: „Nee, da könn'n Se Gift auf nehmen. Darum geh ich auch morgen hin und wähl! Bloß, damit diedjenigen, die ein'n nich nache Mütze sind, kein Oberwasser kriegen soll'n."

„Hmm... das leucht't mir wohl ein. Mein'n Se denn, daß sowas tatsächlich möchlich is, bloß weil ich und meine Freundin den Richtigen nich auf'n Stimmzeddel ankreuzigen tun?"

Der Gemütliche: „Gewiß doch! Denn hab'n die annern doch zwei Stimmen mehr. Ich kann Ihn'n da gleich mal'n Beispiel erzähl'n. Aber erst will ich da mal Dampf hinter machen, daß die Damen ihr'n Kaffee kriegen. Augenblick mal..."

„Netter Mensch... nich, Kede? Ganz intrissant, wie er ein'n das eb'n mitte Wahl aus'nanner verposementiert hat. Wenn das so is, denn laß uns doch man lieber hingehn."

HÖHERE MADDEMATIK UND KAFFEEBOHNEN

„Kede, ich wollt man bloß ehm Bescheid sagen... mit'n Kränzchen, das wird heute nix, Hanni ihre Lütsche hat angeweckt, wir sollten nächsten Dienstach komm'n, heute paßte es ihre Mudder nich."

„Och nee... das's aber ärgerlich, Madda. Hatse denn nich gesaacht, warum?"

„Doch. Wegener Rehneklonen, saachte die Lütsche. Sie hätten gestern bei ihrn Onkel aufe Patzelle den Baum abgekriecht, und da hätt ihr Mudder sich was bei verrenkt."

„Wohl den Aam, nich?"

„Ochwo... den Magen! Weißt doch, Hanni kann dja nie den Hals vollkriegen. Was meinst, was die so bein Flücken für'n Pottschion Flaumen verdrückt hat. Und denn da womöchlich noch Bier auf! Da musse dja schnelle Kathrine von kriegen."

„Gitt nee... wie kann'n nu bloß so unnasch sein, nich?"

„Dja, das's aber echt Hanni, Kede. Die weisser auf zu laufen, das ka'ich dir sagen. Wenn das einerwergens was zu erben gibt, denn isse ümmer bumms da, wie Kasper aus'n Kasten, djust als wennse das mit ihre lange Gumpel wittern tut."

„Ischa einklich 'n Frechheit, ein'n fümf Menuten vorher abzubestelln, wo'n sich all so auf'n stramme Tass Kaffee gespitzt hat. Ich nehm nehmlich an,

dasse inzwüschen ihr Paket gekricht hat."
„Was für'n Paket? Mit Kaffeebohnen?"
„Djea... aus Amerika! Ischa all 'n ganze Zeit unnerwegens. Hab ihr doch solange ümmer welchen von meinen gepumpt, dreividdel Fund in'n ganzen. Den gibtse mir denn von den amerikanschen wieder. Da steht'n sich viel besser bei, saachtse, der soll dja maal so ausgiebich sein."
„Tsso, das ischa intrissant. Hat Hanni dir denn auch verraten, von wen sie den Kaffee kriegen soll?"
„Dja, sicher... von ihrn Bruder — Herrdjees, nu mach man nich sone Glubschaugen, Madda. Bist ihr da vergrellt um, dasse dir das nich angeboten hat?"
„Hchott, Kede, da lachen dja die Hühner in Kallaabrien über. Die wollt sich wohl hüten und mir was von ihrn Bruder aus Amerika erzähln! Weißte was... die hat überhaupt gakein Bruder! Den hatse sich man bloß auße Finger gesaucht."
„Och, das kann dja wohl nich angehn, Madda. Weißt das genau?"
„Was ich dir saach, Kede. Ich kenn Hanni doch all von klein auf an, die is ümmer bloß einzichstes Kind gewesen."
„Wa'um flaustse ein'n denn sowas vor? Was soll nu son Aaskram?"
„Mensch, die wollt dir doch bloß die Kaffeebohnen auße Rippen ziehn! Die ischa soo raffeniert! Und du Dämelack fällster auch prommt auf rein."
„Och, Madda, mein'n Kaffee wi'ch wohl wiederkriegen, da bi'ich nich bange um. Wenn's nich der amerkansche is, denn musse mir ehm hiesigen kaufen."

„Djaa ... das machtse auch, Kede. Der Kasus knusus is bloß, dasse das bis nächste Woche hinziehn tut, wenner nehmlich gesenkt is."

„Tschä, das soll mir wohl egal sein ... Preis kommt für mir doch ganich in Anbetracht ... sie mussen mir dja für umsonst geben."

„Dja ... denkste! In Würklichkeit haste da aber glatt ungefähr fümf Maak bei zugebuddert."

„Nee ... wieso?"

„Mein Zeit, das liecht doch klaa aufe Hand ... du haster doch den teuern Preis noch für gegeben."

„Das hatter dja nix mit zu kriegen. Ich hab ihr dreividdel Fund gepumpt ... und sie gibt mir dreividdel Fund retur, 'türlich nur vonne beste Sorte."

„Also ... nee! Sämpliche Sorten kosten denn doch weniger, Kede."

„Weiß ich wohl, Madda. Aber wenn auch, die Kwallität bleibt djust dieselbe, stand inne Zeitung."

„Kede ... nu paß ma' gut auf: wenn du Hanni fuffzehn Maak gibst und krister denn bloß zehn für wieder ... is das Beschubs oder nich?"

„Hchott, Madda, nu mach ein'n doch nich ganz durchin. Ich hab ihr dja kein Geld gegeben ... ich hab ihr dja man bloß dreividdel Fund Kaffee gepumpt."

„Menschenskind ... du fällst ein'n aber langsam auf'n Wecker mit dein'n Heringsverstand."

„Djä, mit höhere Maddematik, da mußte mir nich komm'n, Madda, da kapier ich doch nix von."

„Schad't dja auch nix, Kede. Ich willer wohl für sorgen, daßde zu dein'n Recht kommst. Zu, mach zu … setz dein'n Bibi auf. Wir geh'ner gleich auf los."

„Nach Hanni hin? Wennse aber doch son Bauchkneifen hat …"

„Ischa allens Luhch und Betruhch, Kede. Sie will das doch mit'n Kränzchen bloß so hinmuddeln, um dasse da mit'n Kaffee billiger bei wechkommt."

„Oh, was'n Gemeinheit! Das's aber 'n staakes Stück!"

„Da soll se auch nich mit durch, Kede. Wir besteh'ner auf, dasse uns heute'n anstännige Kanne Kaffee kocht. Ich mein, nachher, wenner nich mehr so teuer is, hat'n da dja den Genuß ganich mehr so von."

„Dja, das's auch waah. Denn man nix wie hin! Wir komm'n einfach ganz tutich bei ihr an und tun, als wüßtenwer von nix."

„Und unnerwegens essenwer gau noch 'n Salzgorke … von wegen den Dohrst."

UNSEREINS HAT EBEN KEIN SCHLUMP

Also nee... das ischa wohl nich zu fassen, Kede! Da kann ich ganich über komm'n. Zeich doch nochma' den Brief her. Was steht da in? Wo so'ste hinfaahn? Nach Beckergaaten? Hab ich dja in'n Leben noch nix von gehört."

„Och, Madda! Beckersgaaden heißt das ja auch ganich. Kuck doch orntlich zu. Hier steht es, laut und deutlich: Berch —tes — gaden!"

„Ochtssoo... Berchtesgaden. Dja, nu weiß ich. Das liecht da doch einerwergens so unten, ganz oben, nich?"

„Dja, das is 'n schöne Ecke wech. In ein'n Tach kommt'n da ganich hin, saacht Karel, der hat mir das gezeicht aufe Landkaate. Das liecht dja ganz inne äußerste Ecke. Weißt da, wo das allens sone alte mullsche braune Faabe hat... kein büschen grün umzu. Ich glaub, da gib's kein Baum und kein Strauch. Was soll'n da das schöne Faahgeld um verjuckeln. Ischa direkt Quatsch."

„Saach ich dja... wenn das aufe Kaate all so braun aussieht, denn is da meist weiter nix wie schier Berge. Weißt dja ganich, obde das überhaupt ab kannst, Kede. Das soll sich dja manchein'n direkt aufe Brust legen. Und auch sons... is doch man 'n ziemlich halsbrecherischen Kram. Stöhrzen dja andauernd welche runter... steht doch alle naselang inne Zeitung."

„Dja, tssiehste, da hab ich auch man Angst bei. Nachher bricht 'n sich Hals und Beine. Nee, also wie ich heudemorgen den Brief krichte, da dacht ich, mir laust der Affe. Alleine die Überschrift! Sehr geehrte gnädige Frau!! Was denken sich die Leute da einklich bei? Da hat 'n dja doch ganicht das Auftreten nach."

„Och, Kede, das wi 'ch nu djust grade nich sagen ... das übt sich dja auch. Stammst dja schließlich nich aus 'n Kümmelskampsgang, nich?"

„Nö, das wohl nich. Aber wenn die ein 'n als eine gnädige Frau anbetrachten, denn kannste da bestimmt auf ab, daß das Hotell da auch nach is, wose ein 'n reinstoppen. Womöchlich is das son allmächtigen hochherrschaftlichen Kasten, mit lauter Kommfohr, wie 'n das öfters in 'n Kino sieht. Nu bitt ich dich ... was so' ich da? Verbiestert 'n sich dja bloß in."

„Hchott, Kede ... Wie eine vornehme Dame sich in son Hotell aufführ 'n tut, das hat 'n sich dja zugenüge vonne Filme abgekuckt. Paß auf: leechst dir einfach den ganzen Tag fein gemütlich aufe Kautsch und tust kein 'n Handschlag. Da sind die annern dja zu da. Wimmelt dja ümmer 'n ganze Gaade von Bedienstete rum. Brauchst bloß aufe Pingel zu drücken ... bums kömmt all einer angescheest und fraacht nach dein Begehr."

„Tschä, Madda, da mußt auch man die Plünnen nach hab 'n. Mit son paa selbstgemachte Fummel is das doch nix."

„Wie wär's denn mit mein schönes neues Ewwerglehssenes, das mit die bunten Chrisantemumms?

Wennde da reinpaßt, denn wi' ch dir das gerne leihnen. Da kannst dir bestimmt allerwergens mit sehn lassen. Aber weißt wasde dir unbedingt anschaffen mußt? 'n Kulturbeudel, wode dein 'n Waschlappen und 'n Buddel Colondje reintust, da kann 'n auf sone Reise schlecht ohne zu."

„Nu erzähl mir bloß noch, ich soll mir 'n Sonn'nbrülle aufquäl'n und die ganze Zeit durche Nase sprechen! Nee, Madda, das wi'ch man nachlassen. Is mir viel zu viel Umstand bei. Aber ich saach dja, unsereins hat eb'n kein Schlump. Hätt ich mir man ganich an das olle dusselige Preisrätsel an beteidicht."

„No, Kede, wenn das kein Schlump is! Gewinnst den ersten Preis, 'n schöne Sommerreise, und denn quaakste da auch noch über."

„Ochhott, den ersten Preis wollt ich dja ganich hab'n. Ich hatt mir doch just auf den zweiten gespitzt."

„Was hätt 's da denn auf gegeben?"

„'n elektrische Kühlboxe."

„Och nee...! Sowas gibt das auch?"

„Ich mein, von son Eisschrank, da hat 'n doch wenichstens was von bei diese Bull'nhitze."

„Tssosso. Dja nee, das muß ich dja auch sagen, Kede. Denn schreib doch man einfach hin, sie soll 'n dir das umtauschen."

DAS GEFÄLLIGE MOTIEF

„Madda! Mensch, nu waat doch mal. Du hast aber auch 'n Pett an'n Leibe, als wenner einer mitte Peitsche achter zugange is. Ich wollt mir hier in'n Schaufenster ganz gerne mal ehm die Gemehlde anbekucken."

„Wi 'ch ganich sehn, Kede. Geh mir bloß los mitte moderne Kunst. Das ischa doch nix. Schier Kreiuhlken, wo sich kein Mensch aus vernehmen kann."

„Tschä, die Malers müssen da dja wohl 'n ganz annern Blick für hab'n, wie unsereins."

„Hchott, Kede, so verdwast kann dja gakeiner kucken, dasser nichma' weiß, wo der Kopp hingehört. Was soll son Aaskram? Soll dja bloß sowas sein. Ne, also ich muscha sagen, da hat unser Djohann aber mehr los. Hat inne Schule dja ümmer schon in Zeichen 'n 1 gehabt. Neulichs hatter erst wieder 'n Büld gemalen... ganz härlich und so naturgetreu. Hatter sich vonne Postkaate abgekuckt."

„Is waah? — Hier häng'n aber auch 'n paa schöne altmoderne. Ich wollt Karel nehmlich wohl eins zu Weihnachten schenken. Weißte, so büschen gefälliges, ansprechendes Motief, an'n liebsten in owahl."

„Füre Schlafstube?"

„Nee, füre Wohnstube."

„Wieso? Da habter doch das große Heidebüld in zu häng'n."

„Das soll denn wech. Wi'ch verkaufen. Ewich und ümmer Heide, das kricht'n dja mitte Zeit auch mal dicke. Und die ole lillane Farbe beißt sich ganz schändlich mit meine blöen Übergadin'n. Ich dacht, da wollt ich denn das Famildjenbüld hin häng'n, wo unser Vadder als Feldwebel auf is. Das lasse ich nehmlich vergrößern und koleriern. Das neue soll dja übern Biffee."
„Was? Über den Allmachtskasten noch oben über? Da ischa gakein Platz mehr."
„Da hat Karel das Oberteil doch von abgeseecht. Mußt dir mal ankucken... sieht dja bedeutend schicker aus. Aber ürgendwas musser über, würkt sonst 'n büschen kahl."
„Djä, Kede, für übern Biffee nimmt'n dja einklich ümmer sowas mit orntlich was zu essen auf. Kuck, so wie das da inne Mitte, mit das Geflügel und den Spaagel. Das wär was."
„Meinste? Och, ich weiß nich... so alte dode Suppenhühner sollt'n doch lieber in'n Pott stecken, als dass'n die auf'n Gemehlde raufbringt."
„Wie findste denn das See-Stück, hier anne Seite? Macht sichdja auch ümmer gut."
„Gitt, nee, da ischa so schlechtes Wetter auf. Und die gräsigen Well'n... wird'n dja ganz übel von."
„Denn nehm doch das da oben... wo das Fraunsmensch, bloß mit'n Medalljong bekleidet, hinter den Hürsch achteran djächt."
„Dja, das könnt Karel wohl so passen. Aber da hatter lange was an. Sowas will ich nich in'n Hause haben. Nee, denn lieber das quere da, mitte Blumen. Mir deucht bloß, die Rosen sind schon 'n büschen

welk ... fall'n die Blätter dja all alle von ab. Möcht ma' wissen, was das kosten tut. Kannst du das lesen, was da auf'n Idikett steht?"

„Dja, sechzich Maak. Das's nich zu teuer, Kede. Ischa allein der Rahmen wert. Is doch bestimmt Handarbeit. Da hört aber was zu, bis einer da son appaates Muster reingeschnibbelt hat. Und denn noch in Gold."

„Wenn auch ... so recht erwärmen kann icher mich doch nich für."

„Was haste dir denn so in dein'n Sinn gedacht, was dir wohl zusagen täte?"

„Hchott, wie so'ich dir das beschreiben, Madda? Sagenwer mal, son Aat Paaklandschaft mit'n grüne Wiese ... in'n Hintergrund 'n hübschen weißen Pavildjong oder sowas ... vorne 'n klein netten See mit 'n paa Schwäne da auf ... und 'n schönen blauen Himmel über mit so zaatrosane Wolken."

„Mensch, Kede ... das ischa genau das, was unser Djohann vonne Postkaate abgemalen hat! Denn kannste das dja man nehmen."

„Dja, ich muß ma' sehn, Madda ... ob mir das auch ..."

„No, weißte, Kede, wenn dir das nich gefällt, denn kannste mir aber leid tun, denn haste aber von Kunst nich mehr Verstand, wie'n Stint von'n Klabenbacken."

„Nun laß ein'n doch ausreden, Madda! Ich weiß dja ganich, ob das nich viel zu lütsch is."

UM DAS EINE WORT

„No, Kede... was machste?"
„Och... was so'ich machen?"
„Was'n Wetter, nich? Halbe Sommer is all wieder rum."
„Dja, das saach man."
„Tssieh, bist all ans Einmachen?"
„Ochhott, bloß 'n büschen Stachelbeermarmelade."
„Hmm, schmeckt dja auch schön... geht aber 'n Masse Zucker zu, nich?"
„Dja, Fund auf Fund muß'n all nehm'n."
„Oha! Das zieht aber bannich inne Pappiere."
„Dja, teuer isses, Madda."
„No, Kede, denn kommste nu wohl ganz gut zugange, nich?"
„Mitte Stickbeern?"
„Nee, ich mein, mitte Finanzen."
„Och, da woll'nwer man lieber über schweigen, Madda. Das's son Kapiddel für sich... man würchter sich so durch."
„So isses, Kede. Ich feif auch all wieder auf'n letz-ten Loch."
„Dja, wode auch hinhörst... djammern tunse alle."
„Und zu allen Unglück hat Heini morgen auch noch Geburtstach."
„Was'n Pech! Zu schenken brauchst ihm aber nix, Madda. Ich mein, bei die Preise!"
„Dja... sonst, ich hab all gedacht. Kede... ich wollt

wohl ma' so sachte anfragen, obde mir nicht vielleicht... ich wollt dir da nehmlich bloß ma' an denken helfen..."

„Och, anne Mammelade! Dja, nee... da paß ich für auf. Is auch wohl bald gut, scheints mir."

„Versteh mir recht, Kede... nich, daß ich dir da um drängeln will, aber..."

„Ich kann dja man eben ma' 'n Schelierprobe machen."

„Ochhott, nu laß doch endlich die alte dusselige Mammelade aus'n Spiel! Du hast doch gesaacht, ich könnter mich fest auf verlassen, Mitte Monat kricht ich's bestimmt wieder."

„Wieder? Ich weiß von nix was von. Was denn wieder?"

„Die zehn Maak, die ich dir gepumpt hab-!"

„Ochtssoo... die! War'n das denn z e h n Maak? Mir is so, als wär'n das man bloß fünf gewesen."

„Neenee, zehn, Kede. Nu mach man keine Mackermenten."

„Gott, djeder Mensch kann sich ma ürr'n nich? Aber wennde das so strickte behauptest... Bloß daßde ein'n da ausgerechnet djetzt mit komm'n mußt! Fein is das nich, wenn einer so hinter sein'n Geld achteran is."

„Ich binner man so staak um benöticht, Kede."

„Mein Zeit... tust dja grade so, als wenn die Mäuse bei dir in'n Schapp all Hungerpotchen saugen. Kannst mir doch nich anschnacken, daßde dir da Brot für kaufen müßtest."

„Tschä, wenn auch. Aber unsereins möcht sich dja auch vielleicht ma' neue Kattoffeln leisten oder...

Zucker für Stachelbeermammelade, nich?“
„Also ... das ischa denn nu doch wohl die Höhe! Nu wird ein’n nichma’ mehr das büschen Essen in’n Hals rein gegönnt! Aber da scheer ich mir ganich um. Ich eß soviel neue Kattoffeln, wie ich lustich bin ... da kannst aber auf ab!“
„Dja, aber nich für annere Leute ihr Geld!“
„Phe! Die paa lumpigen Kröten, da hab dich man nich so um. Mich wunnert dja bloß, daßde ein’n den Herrn Vogelhändler noch nicht auf’n Hals gehetzt hast, der hat noch Kukuks angmast.“
„Fui, Kede! Das schleecht dja nu wohl das Faß die Krone ins Gesicht! Töf man! Das haste nich umsons gesaacht ... das merk ich mir aber.“
„Das kannste meinswegen halten wie’n Dachdecker ... geht mir dja weit vorbei.“
„Is gut, Kede. Ich weiß dja nu Bescheit. Hier hab ich djedenfalls nix mehr zu suchen. Attschöh!!“
„Was soll das denn bedeuten? Nu lauf doch nich gleich wech. Herrdjeeh ... um das eine Wort?“
„Tschä, das kannst nich von mir verlang’n sein, Kede ... ’n Halsabschneider laß ich nich auf mir sitzen.“
„Och, das hab ich dja ganich so gemeint, Madda ... is mir doch man bloß so rausgeflutscht. Man is aber auch all rein wie angefaßt, wenn’n bloß was von Geld hört.“
„No dja ... am Enne war ich auch wohl gleich ’n büschen reichlich butt.“
„Saach ma, Madda ... was hälste davon, wenn ich dir eerssma fünf Maak geb und zwei Glas Mammelade, wie?“

„Och, Kede, das wär dja zu nett ... denn käm ich ganz gut übere Runden. Kannst das denn aber auch wirklich entbehr'n?"

DREI UNTERM TANNENBAUM

„Du kannst ein'n aber auch was tribelliern, Kede ... muß'n doch warraftich noch ein'n Tach vor Heilichahmt ganz mit dir hier nach'n Asiel rausklabastern."

„Och das tut ein'n ganz gut, Madda, denn kömmt'n doch ma' anne Luft."

„Schnacken kannste, als wennde 'n gneedige Frau wärst, Kede. Meinst, daß der ganze Bulten Aabeit in'n Hause vonne Luft lütscher wird? Hättst man ruhich abwaaten solln bis nach'n Fest. Am Enne taucht er dja doch noch wieder auf."

„Nee, da braucht'n nich mehr auf zu lauern. Ischa all bald 'n Woche her, dasser einfach so vonne Büldfläche verschwunn'n is."

„Kann dja auch vielleicht angehn, dasser 'n Braut gehabt hat, wo er achter zu pühstern gewesen is."

„Och, bewahre. Aus sone Sachens, da hat er sich ganix aus gemacht. Nee, glaub man, Madda, den hab'n se umme Ecke gebracht, das hat ich von Anfang an in'n Gefühl. Ich saach dja ... huhuhu ... die Besten ... huhuhu ... die müssener ümmer zwüschen raus."

„Nu laß doch man dein Bläern, Kede. Ich weiß dja, wie du an ihn gehang'n hast. Djust darum nimmt mir das so Wunner, daß du all gleich wieder Fiduz auf'n annern hast."

„Hchott, dja, ich denk, man kömmter denn vielleicht 'n büschen leichter über wech. Und inne

Hauptsache isses wegene Kinner, die geben dja doch nich ehrer bott."
„Und nahher haste da wieder dein steifen Ärger von. Wenner denn da is, denn willer wieder keiner mit an'n Baum. Aber du mußtes dja wissen. Fehlte bloß noch, daß'n hier für nix und wieder nix rausgestiebelt is, und dasse auf'n Tier-Asiel gackeine Hunde verkaufen tun."
„Doch, das tun se, Madda. Solln mitunter sogaa welche bei sein von allerbeste Herkumft. Kannst all für'n Ei und Budderbrot kriegen."
„Dja, nu... die sind aber doch meist einerwergens ausgeneit, Kede. Also nee, sone Struntscher, die könntste mir schenken, da nähm ich kein ein'n von."
„Tschä, sone treue Seele wie unser Molli, den gib's dja auch bestimmt nich noch mal."
„Ich binner djedenfalls heilsfroh über, daß icher ganz von ab bin. Aufe Dauer is'n doch ümmer angebunn'n an son Tier, und ewich hat'n die alten Haare auf'n Zeuch. So... nu sindwer dja wohl endlich angelangt. Denn man rein inne gute Stube. Wolln uns da aber djaa nich so lange in aufhalten, Kede." — — —
„Mahlzeit! Och, Sie wer'n entschuldigen, ich wollt wohl ma' zufragen, ob man hier nich 'n Hund kriegen kann. Daaf nich zu groß sein und auch nich zu lütschet. An'n liebsten sonen wie unser waa... schwaaz, mit'n klein weißen Schemisett vore Brust. — Tsso... die sind in'n Hof. No, denn woll'nwer ma' kucken. — Mein Zeit, das ischa 'n ganze Gaade! Lieber Mann, da hab'n Se aber wohl schön was mit zu kriegen, nich? Den ganzen Tach

das Gedjaule und Gekläffe, da wird'n dja rammdösich von. Madda ... wo biste abgeblieb'n?"
„Hier, Kede. Du, ich glaub, ich hab all ein'n gefunn'n. Nu kuck sich doch bloß einer diesen lütschen Fent hier an. Der ischa süße! 'n klein schwaazen Teckel, mit'n paa braune Feffernüsse übere Augen. Hottenee, wasser für'n trauerigen Blick hat. Wi'ste den nich nehm'n, Kede? Er beddelt doch so."
„Tut ein'n dja auch inne Seele weh, Madda, aber einer beddelt dja noch mehr wie der annere. Ich binner all ganz angetan von. Och, und hier ... der lütsche braune Spitzi! Kuck ma', er macht orntlich Hübsch. Djaa, mein klein Pummfiedel, wi'st gern auf'n Aam, nich? Waat man, Tanti nimmt dir mit nach ihr'n Hause hin, so'st ma' sehn, da isses aber fein. Du, Madda, das is djust son'n, wie Karel sein Scheff sein'n. Was meinste zu den?"
„Lass mir gewähr'n, Kede, ich kann djetzt nich. Der lütsche Teckel hat meine Fingers zu fassen gekricht, da gnauelter 'n büschen auf rum."
„Herrdjee, was is das denn bloß da hinten inne Ecke für einer? Das's 'n schönen Krachmacher, beißt vor schier Wut man ümmer so in'n Gitter rein. Und was'n gräsige Stimme! Geht ein'n dja durchundurch. Sons, mir deucht bald, er hat in'n Aussehn son büschen was ... Madda! Steh mir bei! Ich krich zuviel ... das ischa wohl nich ...
oder doch? Djaa, er isses! Molli! Da biste dja! Molli ... mein guten Hund, was hab'nse bloß mit dir gemacht. Och, liebster, bester Mann, lassen Se ihn doch rasch raus. Ich bin dja rein ausse Tüte. Wo

hab'n Se ihn denn aufgegriffen? Was? Eine Frau ausse Kornstraße hat ihn hergebracht, und da wär 'n läufichte Hündin in'n Hause gewesen? — Molli! Du Flätangel du... schämste dir denn ganich? Nee, krischa keine Senge. Was meinste, die freun sich dja alle 'n Bein ab, wennde morgen mit'nmal unnern Tannenbaum sitzt."
„Dja, und was soll mit den Spitzi werden, Kede?"
„Ochoddochott, da bin ich dja in mein'n Duhsel vollstännich über wech gekomm'n."
„Hattest ihn das doch all fest zugesaacht. Und nu soller zukucken, wiede mit'n annern abziehst? Nee, das kannste das Tier aber nich antun, Kede."
„Nee, nicht? Tschä, ich mein, wenner nich zu teuer is... Fümf Maak? Das ischa direkt geschenkt! Dafür nehm ich ihn gern noch mit zu. Das isser mir dicke wert. Findst das nich auch, Madda? Was prummelst du denn da in deine Strickdjacke rein?"
„Den lütschen Teckel, Kede! Der friert dja sons. Weißte, ich hab mir das so durchen Kopf gehn lassen... ischa ein'nteils doch ganz schön, wenn'n wieder 'n Hund hat, denn isser doch ümmer ein'n, wo'n mal 'n Mund voll mit schnacken kann."

FLEUTSCHEPIEPEN

„Liebe Güte ... was gibt das bloß für'n Elend inne Welt, Madda. Man mag all ga nich mehr inne Zeitung kucken ... nix wie Mallör und Kattostrofen."
„Djä, nich? Das saach man, Kede. Ich binner auch ganz von angetan."
„Allmehlich kricht'n das direkt mitte Angst. Wie is das menschenmöchlich, daß so was überhaupt angehn kann?"
„Dja, ich weiß dja nicht ... aber die welchen, die schieben dascha wohl die Sonne inne Schuhe, die soll doch mittenmal so alte übele Fleckens hab'n."
„Och, Madda ... wer hat dir das denn angeschnackt? Kann dja ga nicht angehn. hab ich noch nix von bemerkt. No, dja ... ich happer inne letzten Zeit allerdings auch nich so genau nach hingekuckt. Hatt genuch mit die verflixte Schneeschipperei zu tun. Eben denkt'n, das hat 'n Ende, denn kommt wieder 'n frische Ladung von oben. Ich mein', das kann dja auch nich mit rechte Dinge zugehn."
„Hchott, ischa Mumpitz, Kede! Is doch ganz nommaal, daß das schneit in'n Februarmonat. Das 's doch noch lange keine Kattostrofe."
„Nee ... für dich nich, das wi'ch wohl glauben. Du wohnst dja auch inne zweiten Etaje! Aber die aamen Leute die in'n Patterre wohn'n, wie unserein'n, die da zu verdonnert sind, den ganzen Kleibax wieder

wechzumachen! Is das denn Gerechtichkeit, daß sich das bloß allein auf die ihr'n Puckel abspiel'n soll?"
„Djä, Kede, bei uns in'n Hause, da sind die annern Mieters aber auch nich so. Da feecht ma' der, ma' der. Das könntense dja bei euch auch man ruhich tun, nich?"
„Phe... dor luur up! Die kucken ganz dickdräwsch oben aus'n Fenster. Und wennse sehn, daß ein'n der Schweiß man ümmer so vonne Stirne läuft, denn machense höchstens ma'n lütschen Spalt auf und rufen runter: ‚Sie müssen 'n Eisenschieber nehmen, denn geht das ganz leicht!'"
„Gitt, was'n Gemeinheit!"
„No, die soll'n mir bloß ma' wiederkomm'n von wegen... ümmer mit ihre schidderigen Faahräder durch mein'n gefeidelten Flur durch! Gestern hatte mir doch der Murkmannsdjung inne Hand versprochen, er wollt heute fegen. Djawoll... fleutschepiepen! Was isser bei rausgekomm'n? Daß ich standepee 'n Schutzmann auf'n Halse hatte. Leider war das nu man nich son sanften, wie der aus Pöks und Putz, sonst hätter sich dja vielleicht noch begieschen lassen. Weißte, er war 'n büschen schaaf, und da kam ich natürlich auch gleich in Faaht."
„Och, du liebe Zeit... ich kann mir das schon vorstell'n, wiede dich mit ihm rumgekeekelt hast."
„Dja, tüchtich! Er fing da dja auch gleich wieder von an: i c h wär da für verantwortlich, daß das Trittoah vor unsern Hause gefeecht würde, und der Murkmannsdjung intrissierte ihn garnich. — Tschä, saacht ich... und wer muß hier nebenan, vore Trümmergrundstücke fegen? — Da müßten die

Besitzer für sorgen, saacht er. — Und denn wollt er von mir wissen, wen die Grundstücke denn zugehörten. — Die hätten die Leute all lange verkauft, saacht ich. — An wen, das hab ich ihn natürlich nich aufe Nase gebackt. Ich mein, man will sich dja doch nich inne Nesseln setzen, nich?"

„Wieso? Weißte das denn, an wen die verkauft sind?"

„Klaa doch... an'n Staat!"

„Ochtssooo — —! Dja, sonst, vore annern Trümmergrundstücke, da soll'n sich dja wohl die Nachbarn um zusamm'ntun, und den Schnee da eb'n mit eins mit wechfegen."

„Tschä, Madda, komm... hier steht 'n Besen... kannst gleich anfang'n."

„Nee, Kede, da hab ich djetzt kein Zeit zu... muscha machen, daß ich meine Bohn'nsuppe zu Feuer krich."

ADELHEID — ES IS SOWEIT

Kede und Madda ham sich inne Plünnen gekricht ... aber wie! Djunge, Djunge — das ginger schön bei längs! „Komm mir djaa nich wieder übern Süll“, hat Kede ihrer besten Freundin aufer Treppe noch hinterhergebölkt. Alle Leute ham das gehört. Und Madda, die patuh ümmer das letzte Wort haben muß, hat zurückgekeift: „Da mach ich mir dja auch bloß meine Stiefelsohln an schidderich!“ — Denn knallten zwei Tür'n, eine oben und eine unten ... und nu isses aus!

„Wo kam das denn um her?“ fragen die Nachbarn natürlich, neugierich wiese sind, und die Sauerbreische weiß mitte Gewißheit, daß Madda all ümmer mit Kedes Karel gefrunschert hat — und die Küselmeier, das alte Reptil, behauptet steif und fest, Kede hätte sich was bei Madda untern Nagel gestochen. Aber das ischa alles bloß pure Schnackewatscherei. Schuld is da in Wirklichkeit Kedes Noppenrock an!

Was nehmlich die Näherei anbetrifft, hat Kede, das Unglückswurm, was man so saacht, zwei linke Hände, und aufe Maschine kannse erstrecht nich zugange komm'n. Deshalb hatte Madda ihr versprochen, ihr die Winterkledadje 'n büschen in Ordnung zu machen. Die Kleider mußten inne Talje 'n orntliches Stück ausgelassen werden, und die Röcke, die sie vergangenes Djahr mit Mühe und Not

alle auf „nuh luck“ verlängert hatte, werden dja nu wieder ’n ganz Teil kürzer getragen.
No, Madda setzt sich dja denn auch einen Nammiddach bei Kede anne Neemaschine und leecht sich kräftich inne Pendale. Kede hat ihr noch’n Tass’ Kaffee hingestellt und’n Stück Zwetschenkuchen, und denn isse runtergegang’n inne Waschküche, sie mußte nehmlich die Wäsche einweichen für den annern Tach. Wiese denn so nach son annerthalb Stunden wieder raufkommt, da sind auch schon ’n paar Sachen ferdich, und sie will nu beigehn und die Nähte gleich ehm ausplätten. Da siehtse mittenmal, wie Madda djust bei is, von ihr’n besten Rock, den mitte Noppen, ’n gute Handbreit abzuschnibbeln! Kede wird ganz witschen umme Nase... reißt Madda den Rock auße Finger und hält’n sich stumm und starr vor’n Bauch... er reicht ihr grade noch bis anne Knie! Nu stößt sie einen gräsigen Schrei aus, genau als wenn’n Elektrische umme Ecke fährt. Und denn geht das Gebluchter los: „Mein Rock... oh — das gute Stück! Da hab ich mir dja neulichs selber schon zwanzich Zentimeter von abgesäbelt! Nu hast’n mir ganz und gaa verschandfiedelt!“ Madda fällt vor Schreck die Schere aus der Hand. „Kann ich dja nich riechen“, stottertse ganz verbiestert. Aber Kede ischa so in Faaht, dasse da ganich nach hinhört. Vor Wut schmeißtse ihr den Rock batts vore Füße und futert: „Das haste ganz gut gesehn — da wolltste mir dja bloß’n Tort mit antun!“ Djetzt kommt Madda auch hoch. Und wie das denn so is, ein Wort gibt das annere, und zum Schluß knalln die Tür’n.

Acht Tage dauert der Kriegszustand nu all an. Beide habener furchbar unter zu leiden, aber keiner will klein beigeben, und wennse sich begeechnen, was alle Naselang passiert, denn kuckense stramm an'nanner vorbei. — Gestern war das allerdings man schlecht zu machen — da geht Madda in'n Fischladen, und wer steht da vor'n Tresen...? Kede! Kede! Kede mit ein'n funkelnagelneuen, wunderschönen, kornblumenblauen Rock! Madda kuckt sie so übere Schulter von oben bis unten an und zischt verachtungsvoll aus'n linken Mundwinkel: „Tsse!" Worauf Kede den Kopf in'n Nacken schmeißt und genau so dicknesig antwortet: „Phe!"

ALS WAS GEHST DU DENN?

„Madda, denkst du da auch an, daß morgen unser Maskenball is? Habter denn nu was anzuziehn?"
„Dja, für Heini hab ich was gefunnen — der geht als Kohboi. Einfach Trudel ihr kariertes Tuch um Hals und 'n alten Kallabreeser auf'n Kopp — ferdich!"
„Oh, dja — das muß ihn gut stehn. — Karel saacht, er geht als Schornsteinfeger, denn brauchter sich nich zu waschen. — Aber weißte, was ich mir ausgedacht hab? Da staunt der Fachmann und Leiersmann wunnert sich: ich geh als Käte Kruse-Puppe! In mein rosanes Kleid näh ich 'n orntlichen Saum rein — Haarschleife ein — kurze Strümpfe an und 'n klein'n Tonnister auf'n Puckel."
„Määnsch, Kede — mit dein dicken Podex? Der paßt dja viel besser als Sektproppen."
„Laß man, Madda — wer hat, der hat. Beter kort und kregel, as lang und 'n Flegel! Und als was wist du gehn?"
„Ich muß mir noch was zugange schuhstern, aber ich hab noch ganich so den richtigen Mumm."
„Och, Madda, das kennt'n dja bei dir all: eerß nich und denn doch! Sei bloß nich ümmer son alten Tranpott. Das findt sich allens nachher bein Bettenmachen. Hamwer uns nich vergangen Djahr auf'n Spaa-Vereins-Ball ganz pikobello amesiert?"
„Dja — das wohl. Aber in die langen Boxen kam ich mir wie son Kerl in vor, das tu ich nie wieder. Ich

möcht dies Djahr wohl ma 'n büschen was Gediegenes machen. Inne Modezeitung, da war son schönes Kestüm in — ‚Seedjumfer' hieß das. Wenn ich mir nu 'n büschen grün'n Tarlatan kauf und setz da 'n paa Wasserrosen umzu — was meinst davon?"

„Madda! Ich glaub, du hast nich alle Tassen in Schrank! Hast du schon ma son langes Laster von Seedjumfer gesehn? Ich nich. — Bummel dir doch 'n Fund grüne Bohnen um'n Hals und geh als Bohnenstange."

„Tschä, könn'n dja auch nich alle son dicken Prummel sein, wie du! Wenn du unsern Molli sein Halsband umbindst, hält dir djeder für'n Mops."

„Und du — du brauchst dir überhaupt nich zu verkleiden. Geh doch so — einfach als Zanktippe! Aus dir spricht dja bloß der Neid der besitzlosen Klasse."

„Och, nee — werte Dame, da haste aber mit Zitronen gehandelt. Wenn ich son Radieschenschlepper wär wie gewisse Leute, denn tät ich mir was ans Leben."

„Ppe! Und warum sind die Filmstare und die Mannekengs alle so schlank? Und wozu geb'n die feinen Leute das viele Geld alle aus, dasse das Fette man wieder loswerden? Wist mir das ma erzähln?"

„Schlank nennste das? Och, du aamer Vater! Hast wohl noch ganich gemerkt, daß djeder Hund Bittebitte vor dir macht, weiler noch nie soviel Knochen auf ein Haufen gesehn hat."

„Zoh! No, denn wi'ch dir ma sagen, was Alma ihr Mann neulichs von dir gesaacht hat: Kede, die müßte ihre Beine mal 'n büschen begießen, denn wachsense am Enne noch."

„Alma ihr Mann? Du, der soll man bloß stille sein. Wer annere durchen Kakau zieht, kann sich leicht das Maul verbrenn'n. Dascha 'n Gemeinheit is dascha! Soll mir man lieber meine drei Maak wiedergeb'n, die ich ihn gepumpt hab."

„Was?! Nee, Kede, nu aber ma Spaß beiseite. Der pumpt dja wohl rund um sich zu. Ich hab auch noch was von ihn zu kriegen."

„Tscha, der weißer auf zu laufen. Und dabei gibter an, wie 'n offenen Selterbuddel."

„Und Alma, das's auch sone richtige alte Aufspielersche. Ümmer man so auße Vollen. Neulichs kam icher grade auf zu, wiese sich zun Frühstück drei Eier inne Fanne haute. Ich mein, wo soll das denn hin?"

„Madda, das könn'nse meinswegen halten wie Goldschmidts Djungs, aber ihre besten Freunde, die soll'nse gefällichst auße Tasche bleib'n."

„Ich bin dja bloß ma gespannt, was Alma sich wohl morgen antakelt."

„Die? die kömmt bestimmt als Badjadeere oder sons sowas Unanständiges."

„Tsieh, da sindwer nu ganz von abgekomm'n, Kede. Was machen wir denn nu bloß?"

„Och, weißte was, Madda? Wir gehn als Dick und Doof, die beiden Unzertrennlichen."

'N PASSLICHES GESCHENK

„Kinners, Kinners, was hörter ümmer zu, bis daß'n sein'n ganzen Kram so zugange hat... man is all ganz fimmelich. Sind dja auch keine acht Tage mehr hin, denn is's soweit."
„Djä, Kede, du kommst morgens dja auch ümmer viel zu spät aus'n Djann. Kein Wunner, daß dir nachher denn der ganze Brast übern Kopp wachsen tut. Haste deine Geschenke denn nu wenichstenst alle beinanner?"
„Tssieh, daß de mir da an denken hilfst... ich wollt dich all fragen, hast du einklich schon was für Tant' Doris?"
„Dja, sicher. Hab ihr doch 'n Schal gestrickt aus den aufgeribbelten Zweter von Heini. Ich dacht, da könntst du ihr dja denn man 'n paa wollne Handschen zu schenken."
„Neenee, man nich so üppich. Soviel kann ich da nich für anwend'n. Lohnt sich dja auch ganich, kricht'n dja doch so gut wie nix wieder für rein. Ich mein, und das ischa nu nich so, daß sie's nich dazu hätte, nich? Nee, ich hab all gedacht... weißte, ich hab doch noch den ‚Alten Fritz' zu stehn, den wollt ich ihr wohl geben, da kann ich dja doch nix mit anfang'n."
„Was für'n ‚Alten Fritz'? Weiß ich in 'n Au'mblick ganich, Kede."
„Ochhott, den hat mir vor Djahrenden mal einer

angedreht. Wer das war, hab ich vergessen, und ob das 'n Möhchpott oder 'n Blum'nvase vorstelln soll, da bin ich auch nie hintergekomm'n. Is aber echtes Potzelan. Weißte, das is son Mann mit son lütschen Zopf hinten, aber man bloß der Oberkörper von ihn, so bis eben untere Brust. Sieht djust aus wie der ‚Alte Fritz', hat auch son dreieckigen Bonni auf, und da is oben 'n Loch in, daß'n da was reintun kann. Waat mal, ich zeich'n dir mal, hab'n vorhin nehmlich all hergesucht und 'n büschen abgeseift. Kuck... das isser."

„Och, den meinste! Dja, den soll ich wohl kenn'n, Kede... hab ich dir dja selber geschenkt... den ein'n Weihnachten, wie das so recht noch nix gab."

„Herrdjeminee... stimmt dja, nu fällt mir das auch wieder ein. Du, da hab ich mir damalssen aber sehr zu gefreut. Nee, würklich, Madda, ischa auch sonst 'n klein hübsches Dings. Und grade inne heutigen Zeit so paßlich, man nimmt dja viel wieder son büschen was Sinniges. Oder biste da vergrellt über, wenn ich ihn weitergeb?"

„Nee, das nich, Kede, du kannster mit machen, was de willst. Tu mir aber den Gefalln und schenk ihn nich grade ausgerechnet Tant' Doris. Was soll die da auch wohl mit? Die Möhch kommt bei ihr ümmer inne Dose auf'n Tisch, und Blum'nvasen, da hatse dja all 'n ganzen Gang von."

„Das schad't nix, da kann einer nie nich genuch von hab'n. Paß auf, ich steck ihn mal eben 'n paa Ilexzweigen in'n Hut, denn macht das gleich 'n büschen mehr her."

„Kede, ich saach dir dja, du kannst ihr den nich

schenken, glaub mir das doch. Sieht doch djeder zufort, daß er für alt is. Dreh ihn man mal rum... kuck, ischa unterwergens all ganz verschrammt."

„Ochhott, das fällt dja ganich auf. Wird wohl davon komm'm, daß du den Preis da damalssen unterraus gekratzt hast."

„Hchott dja, da hatte einer was untergekritzelt, das hab ich abgekratzt, war aber nich der Preis, der war all längst ab."

„Tschä, wieso? Hast du den ‚Alten Fritz' denn auch nich für neu gekauft?"

„No, also ich will's dir man eingestehn, Kede: nee, ich hab ihn auch nich gekauft, ich hatte ihn mal von Frau Prühntsch gekricht, weißt doch, die Alte, die bei Tant' Doris in'n Hause gewohnt hat."

„Ochtssoo... no dja, ischa auch weiter nix bei, und die ischa auch all längst dot."

„Wenn auch, Kede... die hatte ihn doch auch all von djemand geschenkt gekricht. Und weißte von wen? Von Tant' Doris persönlich!"

„Nee! Nu saach ich ganix mehr. Wie biste da denn hintergekomm'n?"

„Da stand doch 'n Widmung unter. Muß die Prühntsche dja wohl ganz übersehn hab'n. Und Tant' Doris hatte da gewiß auch nich an gedacht."

„Was... willste damit sagen, daß sie ihn auch all zu stehn gehabt hat?"

„Dja, klaa! Stand doch unter: ‚Meiner lieben Doris von ihrer Meta. Weihnachten 1913!'"

„Herrdumeinegüte... denn is der Fent dja all alt wie Methusalem. Und nu kricht sie ihn nach all die

Djahre wieder. Is das nich schön? Djä, ich saach dja, das gibt so Sachens, da is überhaupt kein Vergang an.“

So feiert man in Bremen

OSTERN

KEDE CONTRA COLUMBUS

Ostersonntag in aller Frühe. Bei Madda am Windfang klingelt es Sturm.
„Och, du bist das, Kede. Ich dacht wunners nich, wer da käm."
„'n Morgen, Madda. Fröhliche Ostern!"
„No, von wegen fröhlich... da machste aber 'n ziemlich bedrabbeltes Gesicht bei. Was haste denn auf'n Härzen? Wi'ste nich 'n büschen reinkomm'n? Wir sind djust bein Kaffeetrinken."
„Och nee, besten Dank. Ich will dja weiter kein'n Stör nich machen, wollt bloß ma' ehm anfragen, obde mir nich mit son Stücker fümf bis sechs frische Eier untere Aame greifen kannst."
„No, hör ma', Kede... auf'n Ostern, und denn kein Ei in'n Hause? Das versteh ich dja nu nich. Ich mein, da deckt sich doch djeder halbwechs vernümftige Mensch mit ein."
„Hab ich dja auch getan, Madda. Aber was nützt ein'n das, wenn'n schier Unkluge inne Familje hat und die treibener ihrn Askram mit. Bei mir inne Wohnung sieht das aus... machst dir kein'n Begriff von, als wenner die Räubers in zugange gewesen wärn'n. Wode hinkuckst backen kaputtene Eier."
„Kinners, Kinners, wie kann's angehn? Da habter euch doch wohl nich mit geschmissen, Kede?"
„Nee, aber viel hätter bei mir nich an gefehlt. Oh,

was war ich in Faaht über Karel und die Djungs. Da ischa kein Umgehn mehr mit."

„Aber so einfach, dir zu'n Tort, könn'nse so was doch nich machen, Kede. Wo kam das denn um her?"

„Hchott, um das Columbus-Ei."

„Was's das denn?"

„Tschä, Madda, da mußte mich nich nach fragen, ich hab'er nehmlich auch kein'n Dunst von. Unser Hermi kam da auf, ich sollt ihn pattuh so'ns verstecken. Aber was sollt ich denn machen? Ischa nürgens zu kriegen, in ganz Brem'n nich. Ich hab mir bald die Hackens abgelaufen."

„Waat mal, Kede... mir geht 'n Lantärne auf. Der Djunge hat am Enne inne Schule was gehört über den Columbus, der damalssen nach drüben rübergegangn is. Och, das's all 'n ganze Zeit her, da war'n die Ame'ikaner noch alle Wilde. Dja, und von diese Leute, da hat der Columbus nu ein'n von gefraacht, ob er ein Ei hochkant hinstelln könnte."

„Tsse, ich saach dja, die Mannsleute sind doch alle überein... nix wie Grabschen in'n Kopp."

„Er hat das aber warraftich hingekricht, Kede. War dja auch weiter ganix bei, bloß, dasser die Spitze vorne 'n büschen eingedrückt hat, und dann stand es.

„Glaubich nich, Madda. Karel hat es dja ausprobiert, aber fleutschepiepen... keinein hat gestannen. Mußt dir das bloß ma' vorstelln, die Kinner hatten ihre Ostereier gesucht, und wir war'n djust soweit, daß wer uns gemütlich an'n Kaffeetisch setzen wollten. Da fängt Hermi mittenmal djämmerlich an zu blärn, weiler kein Columbus-Ei gefunnen hat, und Karel saacht: ‚Hermi, hör ma' zu, das is so: wenn ürgendeiner behaupten tut, dieses oder djenes , das ginge nich, und ein annerer kommt und find't da 'n Dreh an, dasses doch geht, denn saacht man da das Ei des Columbus zu. Ein Ei hochkant stelln, das kann djeder Esel. Paß auf, Pabba macht dir das mal vor.' Also mein Karel geht nu bei, langt sich 'n gekochtes Ei ausse Kumme, wammst es auf'n Tisch, und... kwattsch, isses in Grus und Mus, und die saubere Decke is hin. Auf was Haates, meinte er, da funktschonierte das wohl besser, nimmt noch 'n Ei, knalltes aufe Fensterbank, und... kwatsch, auch in Dutt und die ganze Tapete vollgekleckert. Aber meinste, er hätt den Unfuch nu nachgelassen? Nee... mit pergamenter Bosheit hatter mir auf die Aat eins nach'n anner versaubeudelt. No, und, kannst dir wohl denken, das war dja nu so recht was für die Djungs, die wollten sich da über wälzen vor Lachen. Djetzt hockense alle anne Aerde und machen mit ihre Schokoladeneier denselben Kleekram. Und Karel steht inne Küche und kocht sämtliche Eier, die ich noch zu stehn hatte."

„Beste Kede, das tut dja doch ganich nötich. Mit gekochte geht das nehmlich überhaupt nich, da hör'n doch rohe zu."

„Och, schnack doch nich. Rohe, die laufen dja eerssrecht aus."

„I bewahre. Da mußt'n bloß den richtigen Zisslawäng von raus hab'n. Komm ma' mit inne Küche, denn wi'ch dir das wohl beweisen."

„Nee, laß man nach, Madda, ich nehm se lieber in'n ganzen mit. Von euern Klumbumbus mitsams seine dusseligen Tricks, da wi'ch nix mehr von sehn und hör'n. Ich weischa nich, wo das gut zu sein soll, aber ich mein, wenn nu einer apsolut 'n Ei hochkant hinstelln will... tschä, mein Zeit... dafür gib's dja doch Eierböhrte mit Löchers in".

HIMMELFAHRT

KEIN BILLIGER SCHNAPS

Die acht Mann der Totogemeinschaft „Tippotipp“ hatten felsenfest damit gerechnet, zu Himmelfahrt im ersten Rang ein paar hundert Tausender zu gewinnen. Junge, wär das ’ne Herrenpartie geworden! Aber mehr als sechs Richtige hatte keiner geschafft. Wie bei dem allgemeinen chronischen Dalles trotzdem noch irgendwas in Gang zu bringen sei, war ein Problem.

„Bloß nich so viel Geld für Fahrgeld verkleen“, meinte Fietjen Risch, „da könn’n wer all ’n Masse Bier für kriegen.“

„Bier ohne Schnaps? Da krischa aufe Dauer Läuse von in’n Bauch. Und wennwer hier inner Nähe bleiben, denn kriegen die Frauensleute das spitz und rücken ein’n womöchlich aufe Pelle.“

Justus Maibohm drehte plötzlich mit einer knutten Faust an seiner Gumpel herum, ein sicheres Zeichen, daß sein Geist sich zu erhellen begann. Er ist der einzige, der als ... (Beruf wird nicht verraten) noch mal ’n paar Groschen Schmuh machen kann, von denen Gattin und Steuer nichts wissen. „Wie wär das denn, wennwer nu beigingen und machten die Patie nach’n Werder auf unsere Patzelle. Da is ’n schöne Bude auf mit ’n lüttschen Ofen und alles.

Der Vorschlag wurde von hinten und vorne beleuchtet und schließlich für gut befunden.

„Fuffzich Fennich muß djeder noch rausrücken, denn mach ich euch 'n Middagessen wie bei Hillmann", versprach Justus.
„Bloß nich zu fett", mahnte Fietjen Risch, „das bekömmt ein'n schlecht ohne Schnaps."
Justus sah plietsch von einem zum andern; er erklärte: „Ich hab, verdammich nich noch eins, so'n Ahnimus, als wennwer da auch noch beikommen täten."
Himmelfahrtsmorgen um acht Uhr steht Justus Maibohm an der Herrlichkeit, um seine Tippotipp-Freunde durch die verschlungenen Pfade ans Ziel zu lotsen. Die Parzelle ist verqueckt und voller Brennesseln. In der kleinen Bude aber ist es saugemütlich. Zwei Papiergirlanden hängen überquer von der Decke, der Syphon steht parat, und hinter dem Marienglasfenster des Kanonenofens flackert es anheimelnd.
Während die Gäste alles mit lauten Worten preisen, durchforschen jedoch ihre Augen, ganz unauffällig natürlich, den Raum nach gewissen Flaschen mit stärkeren Getränken.
„Tschä — mit dem Schnaps, das is so 'ne Sache", druckst Justus schuldbewußt herum, „ich kann und kann ihn nich wiederfinden. — Was unser Opa war", der hat hier inner Reichsmaakzeit wohl mal 'n büschen Meische angesetzt und gebrannt — so für'n Hausgebrauch, und er hat mir anvertraut, dasser noch 'n paar Buddel vergraben hätte. Aber woo ... das hat er nich verraten. Ich meinte, da hintern Stickbeernbusch, aber da is nix."
Sieben Männer ziehen wie auf Kommando ihre

Jacken aus, greifen sich was an Spaten und Hacken zu finden ist und machen sich daran, wie die Goldgräber die Erde um und um zu wühlen. Fietjen Risch schneidet sich eine Weidenzwille und betätigt sich als Wünschelrutengänger. Alle paar Meter senkt sich das Gerät, dann stürzt die ganze Kolonne auf die verdächtige Stelle. Aber allmählich ist kein Neuland mehr da, und das Zuversichtsbarometer sinkt unter Null.

„Mensch, Justus — euer Opa hat dich schön von Narrn gehabt“ ... „Der Saufaus hat alles alleine vernascht“, werden Stimmen laut.

Justus dreht wieder an seiner Gurke: „Kann höchstens angehn, daß ich hinterm Stickbeerbusch nicht tief genug gegraben hab, obwer da noch mal ...“

„Da knirscht was!“ schreit Fietchen Risch plötzlich. Das wirkt wie ein Kurzschluß. Alle rennen zu ihm hin. Er hat seinen Spaten weggeworfen und tastet vorsichtig mit den Händen weiter. Seine Augen bekommen Spiegeleierformat. „Ick heff em“, flüstert er andächtig und zieht eine Flasche mit einer hellen klaren Flüssigkeit aus dem Sand.

Sieben Männer sacken in die Knie; nicht etwa zu stummen Gebet. Sie scharren allesamt wie die Dackel mit den Vorderprfoten im Kaninchenbau, nach weiteren Schätzen.

„Noch 'n Buddel!“ — „All wieder einer!“ — „Der dritte!“ — „Nummer vier!“

Als aber die achte Pulle das Licht der Welt erblickt hat, meint Justus gelassen: „So — nu gebt man bott, Kinners. Mehr hab ich nich eingekuhlt. Mit unsern

Opa, das hab ich euch dja man bloß angeschnackt. Dafür, daß ich den Stoff spendiert hab, konnt ich djawohl ’ne kleine Gegenleistung verlangen. Tsieh... nu habt ihr mir mein Land mit eins fein rigolt.“

In der Bude zwitschert gleich darauf der erste Proppen.

„Menschenskind“, stöhnt Fietjen Risch, „dascha ’n Bullenhitze hier. Laß bloß den Ofen ausgehn.“

„Nix leichter als das“, grient Justus, macht die Tür mit dem roten Marienglas auf und pustet den Kerzenstummel aus.

PFINGSTEN

DJEDEN FINGSTEN MACHEN WIR DIESELBE TOUR

„Nee, lütsche Beste — sonst gerne mal, aber Fingsten nich! Djeden annern Sonntach könnter 'n Tour mitmachen in unser Boot, bloß nich auf 'n Fingsten. — Tschä, das hat allens sein Bewenden und hängt nehmich mit den allerersten Kahn zusammen, den wer uns anschafften damals. — Ich weiß noch, wir hatten gespaaht und gespaaht, der djunge Mann wo ich mit ging und ich. Wir wolltener doch Fingsten auf djeden Keese mit los — egal, und wenn das djunge Hunde geregnet hätte. Aber wir krichten die zweihunnert Maak nich zugange. Und da bin ich in meine Not nach mein'n Onkel Ferdiand gegang'n und hab ihn angeschnackt, er sollter sich doch an beteiligen. No, und was ich gaanich für möchlich gehalten hätt, der war auch sofort Feuer und Flamme. Ich hab da doch nich an gedacht, daß der sich mit seine zwei Zentner djemals in son lütschen Kanadier reintrauen tät. — Oh, was war das 'n Selichkeit, wie mein Freund und ich da das erstemal mit auf'n Torfkanal rumschipperten, das werd ich nie vergessen. So stolz bin ich nichmal nachher gewesen, wie ich in'n eigenen Hause zu wohnen kam.

No, in Hause hatt ich dja nu erzählt, ich wollt über Fingsten mit meine Kolegin aus 'n Geschäft los. Auf mein Freund hattense nehmich mit allermann was auf zu schnauben — und überhaupt und so, ich hätt meine Eltern mal komm'n soll'n, daß ich mit'n djungen Mann für zwei Tage auf Tour wollt! Ich glaub, die hätten mich dreikantich vore Tür gesetzt. — Heute is man dja viel freier in sone Sachens.

Den Sonnahmt vor Fingsten — ich war djust bei und plätt'te mein weißes Kleid — da steht mit'nmal Onkel Ferdinand inne Küche und fraacht, wannwer denn nu los wollten. Der Katoffelsalat und die Frickadelln wärn all fertig; ob Tante Berta wohl vorsichtshalber 'n Regenschirm mitnehmen sollt — und sein Freund Dinklage käm auch mit, denn braucht ich nich alleine zu paddeln. Meine Kolegin könnt dja 'n annermal mit faahn. — Ich dacht, ich krichte 'n Kind von Plünnen, aber was sollt ich 'r an machen? — Wie ich mein Freund das Unglück beibrachte, da hatter schön geflucht, am liebsten hätter 'n lütsches Loch inne Bootswand gebohrt, daß die ganze Blase abgesoffen wär.

Fingstmorgen um sechs trafen wir uns dja nu alle an'n Bootsschuppen. Das Wetter war 'n büschen ruschig, ab und an mal 'n lütsches Schauer, aber schönen Segelwind. — Allein das Einsteigen war all 'n Film für sich. Tante Berta djuchte djedesmal laut auf, wenn das mal 'n Idee schaukelte, und wie Onkel Ferdinand sich mit Ach und Krach reingewürcht hatte, da lief das Wasser bald über. Herr Dinklage saß vorne und haute mit sein Paddel ein'n Schaum, als wenn da Eiweiß in Torfkanal wär, und er sollter Schnee von schlagen. Alle die Wassersportler grienten sich eins, und ich hab mich forchbar sche-

niert — am meisten vor mein'n Freund, der fuhr auf sein Fahrrad ümmer nebenher — die Verwandten kannten ihn nehmich noch nich. Ich merkte ganz genau, daß es die Drei ziemlich mulmig war, und wie Onkel Ferdinand das „Seemannslos" anstimmte, da hat Tante Berta ihn das batz verboten.
Wie wir in'n Kuhgraben kamen, da hab ich, weil daß wir son schönen Rückenwind hatten, das Segel aufgemacht, und ich hatt tüchtig was anne Schot zu halten, sone Affenfahrt krichten wir. ‚Lot flattern, lot flattern! Lot den Bindfaden los', schrie Onkel Ferdinand und die Haare standen ihm einzeln zu Berge. Tante Berta gillte wie 'n Papagei und versuchte mit ihr 'n Regenschirm 'n Busch zu ergattern. Ich höchte mich dja nu so richtich, aber nach 'n Weile bin ich denn doch ans Ufer gegang'n. Djunge, ich hab noch nie drei Mann so gau an Land krabbeln sehn wie meine Passadjiere! Nä — sie hätten die Nase voll von den alten Seelenverkäufer, saachte Onkel Ferdinand — die Frickadelln könnt ich behalten, und ich sollt man meine Kolegin anwecken, dasse noch nachkäm. Denn zuckeltense los, Richtung Findorff — und ich hätt am liebsten mitsams mein Boot Kallabums geschossen.
In Kuhsiel kam mein Freund an Bord und abens, bei Gartelmann, da hamwer uns verlobt! — Tsieh... und der, der da djust inne Tür reinkömmt, das isser! Aber das hamwer uns damals zugeschwor'n: Djeden Fingsten machen wir beide, ganz solo, dieselbe Tour.

WEIHNACHTEN

SO SIMPEL WIE EINFACH

Die hab'n alle gut schnacken, die da in'n Blatt über schreiben tun, von wegen man soll seine Familje das zu Weihnachten fein traulich und beschaulich machen. Aber was da vorher alles so bei rumbummelt, was ein'n für'n Bulten Aabeit auf Brust lastet und wie se ein'n alle tribeliern... da herrscht Schweigen über.

Ich wollt, einer von diese ahnungslosen Engels hätt mir mal interwjuht; So nennt'n dascha wohl, wenn einer in'n Radio so tut, als wollter ein'n annern was ausfragen. Dabei quasselt er selber in eine Tour wech, und der annere saacht ümmer bloß: „Ganz recht... so isses!" — Da käm er dja nu bei mir nich mit durch. Ich wollt ihn wohl kriegen und ma so richtich von's Leder ziehn. Noch ehrer er Luft geholt hätte, ließ ich 'ne Rede von'n Stapel mit allerlei praktische Winke.

Werte Hausfrau — würd ich sagen — bloß mitte Innichkeit und mitte Sinnichkeit, da is das dja nu auch nich mit getan. Das soll sich dein guter Mann und die lieben Kinner man dja nich einbülden. Darum mußt du von morgens bis ahmts feste djammern und stöhn'n und 'ne Leidensmiene aufstecken, als wennde an djeden Fuß mindestens fümf Leichdörner hättst.

Laß auch nich locker, daß deine Anverwandten,

sofern Sie ein'n großen oder klein'n Wunsch hab'n, diesen rechtzeitich ausdrücken. 'türlich is das meist schier Schandudelkram. In diese Hinrichtung is es ratsam, wenn du dich da nachher bei'n Einkaufen weiter ganich um quälst und lieber was Nützliches nimmst. Mußt ümmer sehn, daßde bei djedes Geschenk selber 'n büschen was von profetierst. Kommst viel besser bei wech.

Dein'n Mann erfreuste zum Beispiel mit 'n neuen Ascheneimer, den wird er viel lieber morgens runterbring'n, wie den alten mit den kaputtenen Henk. — Die erwachsene Tochter kricht am besten 'n Katong mit verschiedenerlei Seifenpulver. Denn brauchst du dir da nich länger über zu ärgern, dasse andauernd bei deins beigeht. — Unser großer Djung erhält von mir eine durable Fußmatte... Schluß — aus! Soll endlich ma' lärn'n sich die Füße orntlich abzutreten. — Für den Lütschen is das so simpel wie einfach... die kriegen Unterzeuch und Strümpfe. Das müssense sowieso hab'n, und die Stoppnadel will auch ganz gern ma' Ferjen machen.

Nu gibt das dja welche, die wickeln djedes einzelne Teil in buntes Papier, tüdeln da 'n rotes Band umzu und verdekoriern das außerdem noch mit Tann'ngrün. Da bin ich von ab! Schmeißense dja doch bloß aufe Aerde. Und da isses dja doch zu teuer zu.

Wasse dir so an Geschenke bescheern, da laß dir auf djeden Fall die Zeddels von geben. Mußt dja doch alles 'n paarmal wieder umtauschen. Eerssichmal trifft bestimmt keiner dein'n Geschmack und grade die Umtauscherei macht dja am meisten Djux.

Ich komm nu noch aufe einkliche Feier zu sprechen: das Weihnachtszimmer soll nicht eingeheizt werden, das kann der Tann'nbaum nich ab ... er nadelt denn so fix. Und was dein Mann is, den tritt sowieso der Schweiß aufe Stirne, wenn er an die Überraschung denkt, die ihn djust zu'n Fest von's Finanzamt zuteil wurde ... von wegen Steuernachzahlung.

Dich extra für Heilichahmt fein machen und womöchlich noch umzuplünnern, das laß man nach. Hast gakein Zeit zu. Komm so wiede bist erst in'n letzten Au'mblick auße Küche und führ deine Lieben das auf diese Aat vor ihre sichtlichen Augen, wie du dir für ihn'n hast abdjachtern müssen.

Sollte eins von den Kinnern bei'n Gedichtaufsagen stecken bleib'n, laß es da dja nich mit durch. Einfach 'n Bax geb'n ... und maasch ins Bett!

In die Zeit, wo die annern ans Sing'n sind, kannst du schon gau eben beigehn und den Staubsauger anstell'n. Son Feierei macht 'n Masse Dreck. Und wenn den annern Morgen ma' einer kommt, denn soll das dja auch 'n büschen ak'rat aussehn.

So'st ma' sehn — werte Hausfrau — was das für'n gelung'ner Weihnachten wird.

SYLVESTER

DA SITZT SE — DIE MÖRDERIN

Da saßen die vier nun um ihre Sylvesterbowle, hatten alle ein komisches Zündhütchen auf... und die Uhr wollte und wollte nicht 12 schlagen. Madda und Kede animierten ihre Ehemänner fleißig zum Trinken, ein Umstand, der diesen nach all den Gardinenpredigten, die sie im Laufe des Jahres zu hören gekriegt hatten, ziemlich ungewohnt war. Trotzdem, es half nichts, man kam nicht richtig in Tritt. Gegen 11 Uhr überkam Heini jäh eine Müdigkeit. Er begann so herzhaft und laut zu gähnen, daß Freund Karl sich der ansteckenden Wirkung nicht lange erwehren konnte. Beide trugen dann auch bald darauf nichts anderes mehr zur allgemeinen Geselligkeit bei als ein harmonisch abgestimmtes Schnarchduett. Um die absoluten Versager bis zum Hauptteil der Feier noch wieder gebrauchsfähig zu machen, gab es für die Frauen nur eine einzige Möglichkeit: man mußte sie mit roher Gewalt soweit wieder wachrütteln, daß sie imstande waren, sich den zischenden Bierhahn in ihrer Stammkneipe vorzustellen, und sie dann ermuntern, sich an diesem Quell umgehend ein wenig zu erfrischen.
Und siehe, das aus purer Verzweiflung angewandte Mittel wirkte Wunder. In die Ermatteten kam alsbald wieder Leben. Sie erhoben sich in

jugendlicher Elastizität, tätschelten ihren Gattinnen liebevoll die Bäckchen und setzten sich in Trab, nicht ohne vorher hoch und heilig versprochen zu haben, sich auf jeden Fall rechtzeitig vor Ablauf des Jahres 1954 wieder einzufinden.

Ein zweifacher Seufzer zittert ihnen nach.

„Ischa einklich der reinste Frefel, daß'n se so laufen läßt", meint Madda, „wennse nu man bloß nich doch versacken."

Kedes Doppelkinn schlägt kummervolle Falten: „Das isses dja man, da ischa kein Verlaß auf, auf die Brüder."

„Du, Kede, das wi'ich dir sagen, wenn die ... und sie lassen uns hier warraftich sitzen, denn isses einzich und alleine dein Karel in Schuld, der läßt dja nie nich locker, da kann Heini noch so drammsen, dasser nach Hause hin will."

„Hchott, ischa allens Schnackewerk, Madda. Kannst nix von glaub'n. Einer muscha der Sünnenbock sein. Die wissener alle beide ganz gut auf zu laufen. Aber waat's man ab, werden dja wohl wieder komm'n."

„Fraach mich bloß nich wie. Wir könn'n uns auch man n'lütschen antüdeln, daßwer um zwölve tüchtich in Faaht sind. Laß uns man ruhich mal'n büschen was Schaafes amangs trinken. Was hältste von'n paa redjelle Kondjacks?"

„Ooch, da geb ich einklich ganix um. Aber man zu, ischa egal. Schütt mir man 'n orntlichen Pulsch in mein Glas Bowle, denn schmeckt'n das nich so. Das Beste von Kondjack is noch die Faabe, trächt man dja djetzt auch viel, Karel seine guten Lederhandschuh hab'n dja auch son Aat Kulör."

„Kuck an, denn is unser August dja mächtich inne Mode, Kede, der sieht dja an'n ganzen Leibe so aus. Mein Zeit, wo isser denn überhaupt abgeblieb'n? War doch ehm noch... macht dja wohl kein'n Askram? Nee, da sitzter dja, hat sich ganz inne Sofaecke verkrochen. Der schläft sich auch ein'n zugange."

„Dja, mitte Männer hab'nwer scheint's kein Glück heute, Madda. Komm her, August, sei nich so langstielich, mein klein Süßen. Setz dir man dreiste 'n büschen auf mein'n Schoß. Auha, was biste für'n Dickdjack geworden!"

„Tschä, das soller wohl von komm'n, wenner ümmer so unnasch is. Vorhin hatter sich erst die ganzen Mandeln von'n Budderkuchen runtergepuhlt. Da... nu gehter all wieder beie Ananas bei. Wi'st da wohl ma' von! Ischa Alkohol in, is Bäbbä, bekömmt dir dja doch nich!"

Doch auch einem kleinen Goldhamster schmecken verbotene Früchte am süßesten. August folgt seinem natürlichen Drang und stopft schnell einen gehörigen Vorrat in die Backentaschen. Danach läßt er sich zwischen den beiden Damen auf dem Sofa nieder und putzt sich gemächlich den Schnurrbart. Der Uhrzeiger ist inzwischen auf fünf Minuten vor zwölf gerückt. Madda und Kede werden langsam unruhig. Kede schenkt die Gläser nochmal voll: „Nu müßtense aber bald komm'n. Zu, wolln man gau noch ein' vorwech kippen!"

„Menschenskind, ich kuck djetzt dja all ganz kariert!“
Von der Straße tönt ein Pfiff herauf.
„Das is Karel!“ Kede springt auf und will ans Fenster laufen. Da gellt hinter ihr ein schauerlicher Schrei auf. Sie dreht sich um und sieht ihre Freundin Madda, die halb vom Sofa runtergerutscht, Mund und Augen sperrangelweit aufgerissen, neben sich auf den Sitz stiert und dann batz in Ohnmacht fällt. Kede hat keine Ahnung, was passiert ist, stößt aber prompt einen nicht minder schauerlichen Schrei aus und sackt in der andern Ecke des Sofas zusammen. Als die Männer Punkt zwölf in der Tür stehen, bleiben ihnen begreiflicherweise bei diesem niederschmetternden Anblick die Knallfrösche in der Tasche und das ‚Prost Neujahr' in der Kehle stecken.
„Himmel, Nadel und Zwürn! Was's hier denn los?“ Heini tut einen Griff in die Bowle und besprengt seine Frau mit etwas feuchtem Obst. Das nützt. Madda blinzelt, richtet dann ihren Zeigefinger zielsicher auf Kede und kreischt:
„Da ... da sitzt se, ... die Mörderin!“
„Wer? Ich?“ Kede kommt hoch wie Kasper aus'm Kasten. „Ich hab dja keinein was getan.“
„Djawohl! Du hast ihm auf'n Gewissen ... du hast dich auf ihm raufgesetzt!“
„Mein Zeit ... auf wem denn?“
„Auf August!“
„Wo?“
„Hier!“ Madda wendet sich schaudernd ab.
Nun tritt Karl in Aktion. Männlich beherzt nimmt

er ein plattgedrücktes, hellbraunes Etwas vom Sofa, betrachtet es und platzt los:
„Mönsch ... das soll August vorstelln? Seid ihr Fraunsleute denn so sprittenduhn, daß ihr nich mehr richtich kucken könnt? Das ischa man bloß mein ein'n Handschuh!"

Anekdotisches

HINNERK I... AUS VERGANGENER ZEIT

Hinnerk war in der ganzen Worpsweder Gegend als Unikum bekannt. Im ersten Weltkrieg war er „Borsche“ gewesen und hatte nun eine ähnliche Funktion bei Onkel Herrmann, dem Junggesellen, welcher sich in der paradiesischen Mooreinsamkeit eine der Hammehütten gekauft hatte und „sein Geld lebte“.

In diesem Männerhaushalt kam frisches Gemüse und Obst nur ganz selten auf den Tisch, dafür war aber der Verbrauch an Speckseiten und „Brannwien“ schon für normale Zeiten geradezu sagenhaft. Nur manchmal, wenn Onkel Herrmann beobachtete, daß dem armen Hinnerk beim Strümpfestopfen sogar die große Schöpfkelle, die er als Stopfpilz benutzte, durch die Löcher rutschte, überkam ihn die unbestimmte Sehnsucht nach weiblichen Talenten, dann wurde die erste Haushälterin, die sich auf eine diesbezügliche Annonce meldete, engagiert. Hatten allerdings diese Damen geglaubt, endlich eine Dauerstellung „zwecks späterer Heirat“ gefunden zu haben, so wurden sie bitter enttäuscht. Denn schon nach kurzer Zeit erkannten alle, daß ihre gesamten Koch- und sonstigen Künste an den zwei Metern des in Schuhgröße 46 „alleinstehenden Herrn“ hoffnungslos abprallten.

In diesem Frühjahr war wieder eine „Mamsell“ gelandet. Onkel Herrmann hatte sie persönlich mit seinem mächtigen Motorboot samt ihrem Schließkorb vom Osterholzer Hafen geholt. Graziös war sie, soweit es ihre Jahre gestatteten, an Land gehoppst, hatte alles einer gründlichen Besichtigung unterzogen, um daraufhin ihre Meinung wie folgt zu äußern:

„Das Haus ist ja sehr nett, und aus dem Garten läßt sich wohl was machen — wenn bloß das alte Wasser nicht wäre."

Das letzte hätte sie nicht sagen dürfen, denn mit dem „alten Wasser" traf sie Onkel Herrmann mitten ins Herz, und von Stund an war er „gegen sie an".

Nach dem gemeinsamen Abendessen fragte sie mit reichlich überzuckertem Lächeln:

„Was belieben der Herr morgens zum Frühstück zu sich zu nehmen?"

Worauf ihr die kategorische Antwort erteilt wurde:

„Ich und Hinnerk, wir essen morgens schon Braatskatoffeln mit Speck. Belieben tun wir gaarnix!!!"

Am nächsten Morgen, die beiden Männer hatten sich schon erwartungsvoll jeder an einer Breitseite des langen gedeckten Tisches vor dem Haus niedergelassen, Hinnerk das Messer und die Gabel abwartend aufrecht in den Fäusten haltend, da erschien mit einem tremolierenden hell-frischen „Guten Morgen" die „Neue" und setzte vor jeden einen Frühstücksteller mit den bestellten Bratkartoffeln. Mißbilligend betrachtete Onkel Herrmann die wenigen Krümchen aus der Vogelperspektive und sagte ruhig und gelassen:

„Frollein, ich will Ihn'n ma was sagen. Im Herd, da

steht 'n Fanne von fümmunfümzig Zentimeter Durchmesser, die werden Sie wohl schon bemerkt haben. Diese Fanne, die kömmt bei uns auf'n Tisch, und denn so voll Braatskatoffeln, daß ich Hinnerk und Hinnerk mich nicht sehen kann. — Verstanden!"

'N BÜSCHEN WAT VOM OLLEN HINNERK

Entenbrüten

Eines Morgens, die Haushälterin hatte längst ein Telegramm von ihrer kranken Mutter bekommen und war in etwas überstürzter Eile, diesmal aber von Hinnerk per Staakboot, zur Bahn befördert, wartete Onkel Hermann vergeblich auf sein Frühstück. Er rief mit Stentorstimme nach Hinnerk, erhielt aber keine Antwort. Er sah in die Küche, den Torfschuppen und die angrenzenden stillen Lokalitäten; sie waren leer. Er zählte die Boote im Hafen, alle drei waren gut verankert. Mein Gott, Hinnerk konnte sich doch nicht auf seinen „Holtschen" von dem kleinen Eiland, einer Lerche gleich, in die Luft geschraubt haben! Es blieb also nur noch eine Möglichkeit: seine Kammer. Und richtig, Hinnerk lag im Bett. Zu sehen war allerdings von ihm rein gar nichts, denn er hatte alle Federbetten, deren er habhaft werden konnte, kunstvoll über sich aufgetürmt.

„Hittichdasdonner, Hinnerk", sagte Onkel Hermann erschrocken, „wat is mit die los? Büst du krank?"

„Nä", tönte eine Stimme wie aus tiefer Gruft.

„Wat deist denn im Bett bi disse Bullenhitze?"

„Ick brütt de Eier ut; de ohle Ente, de Sotan, is d'r von afflopen. Säben Kükens sind utkropen, twee Eier hett se liggenloten."

„Minsch, du ohnwätene Kreih. Du kannst doch keene Eier utbrütten, du bist djo reinweg verrückt." Krachend flog die Kammertür von außen zu.
Den ganzen Tag über kam Hinnerk nicht zum Vorschein, erst gegen Abend trat er vor die Haustür. In seiner braunen Pranke, die er behutsam wie eine Schale voll köstlichstem Jamaica-Rum vor sich hertrug, kuschelten sich zwei piepsende gelbe Federbällchen. Er hielt sie Onkel Hermann dicht unter die Nase, grinste bis an beide Ohren, so daß sein einziger Zahn in voller Pracht zur Geltung kam, und sagte: „Se hebbt djo seggt, ick wer verrückt, aber dor sünd se!"

Starken Tobak

Es gibt eine ganz bestimmte Konstellation in der Hamme-Niederung, in der man die wenigen Häuser am Fluß weder zu Fuß noch zu Schiff verlassen kann. Das ist, wenn die Wiesen, soweit das Auge reicht, überschwemmt sind und das sich bildende, oder später tauende Eis noch nicht tragfest ist, aber doch schon zu stark, um eine Fahrrinne für ein Boot schlagen zu können.
In einer solchen Lage hatte sich Onkel Hermann einmal drei Wochen lang befunden, und zwar hatte es ihn erwischt, als er eben im Begriffe gewesen war, seinen stark eingeschrumpften Bestand an Spirituosen für die Überwinterung zu ergänzen. Diese Zeit gehörte zu den schauerlichsten Erinnerungen seines Lebens; und als er auch die letzten

„Droppens“ aus allen Steinhägerkruken gepreßt hatte, fing er bereits an, mit seiner Flasche Birkenwasser zu liebäugeln.
Einer solchen Gefahr wollte er sich auf keinen Fall ein zweites Mal aussetzen, darum zog er von nun an während der kritischen drei Monate nach Worpswede, dem alten Faktotum Hinnerk Haus, Bootsflottille und seinem Schicksal überlassend. Hinnerk blieb gar nicht so ungern allein zurück, denn in dieser Zeit konnte er ungestört ein „Herrenleben“ führen: essen, trinken, rauchen und den ganzen Tag am warmen Ofen sitzen und dösen. Im November fuhr er nach Osterholz und durfte nach eigenem Ermessen seinen Winterproviant an Bord nehmen, der hauptsächlich aus vielen Dosen mit „Leipziger Allerlei“ und Mirabellen bestand.
Wenn es im März nach Veilchen roch, machte er im Boot „rein Schiff“ und fuhr gen Worpswede, wo sein Herr meistens schon ungeduldig nach ihm Umschau hielt.
„Ich hab dir auch 'ne neue Pfeife mitgebracht“, sagte Onkel Hermann, als sie auch in diesem Frühjahr wieder daheim gelandet waren.
„Dat is man got“, meinte Hinnerk, „miene ohle Piep smeckte ok so recht gor nich mehr“.
„Wie kummt dat denn?“
„Kann ok woll an den Tabak liggen, de bitt ganz mächtig up de Tungen.“
„Hest dor denn noch welken von?“
„Jo, noch'n ganzet halbet Pakeet“, sagte Hinnerk, ging in seine Kammer und brachte eine ungewöhnlich große, gelbe Tüte zum Vorschein. Onkel

Hermann versenkte seine Nase tief hinein, schnupperte und schüttelte verwundert den Kopf. Dann nahm er eine Prise, schob sie zwischen die Zähne, spie sie aber sofort in hohem Bogen entrüstet wieder aus. Nun holte er eine ganze Handvoll hervor, musterte sie eingehend und konstatierte schmunzelnd bei sich, daß es sich um reine unverfälschte Sägespäne handelte. Auf der Tüte stand allerdings „Feiner alter Nußbaum" und nur ganz unten in der Ecke ein Stempel: „Schaufensterpackung".

Der lüttsche Doktor

Hinnerks Militärzeit im ersten Weltkrieg war höchst unkämpferisch verlaufen, denn außer auf wilde Enten mochte er auf kein lebendes Wesen schießen. Darum wurde er „Borsche", in welcher Eigenschaft er aber nicht unbedeutend auf den Ablauf des gesamten Kriegsgeschehens gewirkt haben muß; jedenfalls ging das aus all seinen Erzählungen hervor. Eine davon gab er besonders gern zum besten:

Einmal, bei Ssängkangtäng (möglicherweise St. Quentin), da kriechten wir 'n Doktor zu, das war so'n ganzen lüttjen dünnen. Und abends da sagte mein Hauptmann zu mich: „Grothekluth", sagte er, „Sie sorgen mich dafür, daß unser Doktor 'n büschen dicker werden tut; geben Sie ihm man ümmer duchtig was zu essen". Das hab ich denn ja auch besorgt. Ümmer hab ich ihm was Extranes zugeschustert, aber der Dussel hat das dja man meistenteils stehengelassen, und da hab ich mir dann bannig über geärgert.

No, nach so'n paar Wochen, da sagt mein Hauptmann mal zu mich, wo alle bei waren:

„Grothekluth", sagte er, „unser Doktor, der ischa ümmer noch so dünn, ich glaube, Sie füttern ihm nicht gut genug." — Da wurd ich aber vergrellt, daß ich da nun die Schuld an haben sollte, und hab gesagt: „Herr Hauptmann, dat Futter, dat is got, ober dat Swien will jo nich fräten."

Dor hebbt de Offizieren ober lacht — över den lüttjen Doktor.

DIE WELT DES MANNES

Am andern Ende der „Welt — der Frau", in einer stillen Straße des Messegeländes, stehen spät abends drei Männer um etwas herum, das im Schein der hohen Lampen des Lloydbahnhofes nicht deutlich erkennbar ist. Kellnerinnen aus dem großen Bierzelt, eben noch munter wie die Wiesel mit schweren Tabletts zwischen Tischen und Stühlen jonglierend, schleichen müde an ihnen vorüber. Einen der Männer scheint ein böses Mißgeschick getroffen zu haben. Er macht einen bekümmerten und ramponierten Eindruck. Die Haare hängen strähnig unter der blauen Mütze hervor, sein Kragen ist aufgerissen, und der Knoten seiner Krawatte sitzt eine Etage tiefer als er normalerweise hingehört. Eine Kruste von Straßendreck bedeckt ihn von oben bis unten. Die zwei andern versuchen durch eindringliche Fragen der Ursache seines Zustandes auf den Grund zu kommen:

„Was willste denn nu mit ihm machen?"

„Auf'n Friedhof bring'n."

„Mensch, mach doch kein'n Kleekram. Vielleicht isser dja noch gaanich ganz hin. Hatter denn eben noch was gesaacht?"

„Wenig. Einklich hatter nur noch 'n büschen gestottert."

„Wenner überhaupt gekomm'n is, denn isser auch

noch nich Hopfen und Malz an verlor'n. Hast'n denn 'ne Spritze gegeb'n?"

„Klar, war doch das erste. O mannometer — — zwei Stunnen katzebalch ich mich nu hier schon mit dem Satan rum."

„Hast'n womöchlich absaufen lassen, was?"

„Quatsch! Fühl doch, ischa knochentrocken."

Ein Streichholz flammt auf und macht die Runde über drei Zigaretten. Die Quelle der Erfahrungen scheint versiegt. Doch aus dem Rauch ziehen sie neue Weisheiten, und schon nach ein paar kräftigen Lungenzügen stzt das Verhör wieder ein:

„Hast dich denn all länger über ihn geärgert?"

„Kann ich gaanich mal sagen. Ich mein', seine Nucken hatter dja gehabt, und manchmal spuckte er 'n büschen."

„No dja, dascha kein Wunner — ischa auch nich grade mehr der Djüngste."

„Wenn auch, aber so gemein hatter mich noch nie in Stich gelass'n."

„Die Schnauze haste ihn dja auch ganz schön verbeult."

„Das musser doch ab könn'n."

„Hatter denn zuerst gekloppt?"

„Dja, etwas. Denn hörte er aber auch mal wieder auf. Bloß, wenn ich'n auf'n Kopf trat, denn fing er sofort wieder an."

„Is doch 'n klarer Fall, Mensch: Brandenburger!"

„Kann aber auch sein, dasser er 'n Bein durchgesteckt hat."

„Nee, denn klingelter gewöhnlich vorher."

„Ich kann mir genau vorstell'n, wie das gekomm'n

is: erst hast'n auf neunzich gebracht, und wie er denn kochte, da haste ihn einfach 'n Eimer Wasser übergepulscht."

„Fleutschepiepen. Das weiß meine Großmudder auch, dasser sich denn festfrißt."

„Wart mal, ich hol eben den Engländer aussen Wagen. Ich willer mal reinkucken."

„Hat dja gaakein Zweck, denn fliecht dir der ganze Zahnsalat vore Füße."

„Ich saach dir: laß die Klamotte liegen, wo se liecht."

„Plattfüße hatse dja auch, die olle Nuckelpinne. Die holt bestimmt keiner ab."

„War mal 'n ganz schöner Wagen, der Lütsche — uns soo treu", seufzt der Bekümmerte und schließt mit fast zärtlichen Griffen die Motorhaube seines altersschwachen, heftig ramponierten Lieferwagens. Aus den Innenfächern holt er allerhand Krimskrams, Papiere, Karten, kaputte Sonnenbrillen, Putzlappen und saure Bontschen — stopft alles wahllos in seine Rocktaschen und schlägt die Tür zu. „Knall!" Es klingt wie ein Gnadenschuß. Dann klettert er langsam hinter seinen Kumpanen auf den gegenüber stehenden Lastwagen, der davon saust, ohne zu husten, zu spucken, klopfen oder klingeln.

FREIMARKTS-POTPOURRI

Logik

Der Skatklub „Null auf's Pferd" nahm nach beendigtem Nürburgrennen die Siegerehrung in der fahrbaren Bar vor, und hier wurde nach einstimmigem Beschluß die Vereinskasse restlos verjubelt. Mit viel Erfolg! Schon nach zwei Stunden rutschte der Schriftführer völlig k. o. unter den Tisch.
Später, bei der Berappungsarie, stellte es sich heraus, daß die konsumierten Biere und Schnäpse eine glatte dreistellige Zahl erreicht hatten.
„Wir sind dja auch große Torfköppe, sind wir dja," brummelt der Kassenwart, „hätten dja man das Zeuchs buddelweise kaufen könn'n, da hätten wir uns dja bedeutend besser bei gestannen."
„Hätten? Hätten?" kommt plötzlich eine Stimme unter dem Tisch hervor, „wieso hätten? Das könn'n wer dja noch."

Konsequenz

Bei Tante Auguste und Onkel Bruno aus Ritterhude läßt die freimarktliche Hochstimmung, trotz der in kunterbunter Reihenfolge verputzten Smuttoole, Viktorias mit Schlagsahnebulten, Bouillon- und anderer Würste, sehr zu wünschen übrig.

„Du mußt ma wo reingehn, Vadder," schlägt Tante Auguste vor, „hörma, wose da ans Djuuchen sind, inne Teufelskutsche. Oder has da kein Zuvertraun nich zu?"

„Hchott, da ischa nix bei" — Onkel Bruno ist doch kein Schmachtlappen — „Halt mal mein'n Schörm", sagt er und geht festen Schrittes zur Kasse.

Mit glänzenden Backen, aufgeregt mit dem Schirm winkend, verfolgt Tante Auguste die sausende, kurvenreiche Fahrt und geht dann erwartungsvoll zum Ausgang.

„No, Vadder, war's scheen?"

„Gib den Schörm her", ranzt Onkel Bruno sie an und steuert stracks Richtung Bahnhof.

Mißtrauen

Nach einer Fahrt auf der Achter-Bahn beschweren sich Krischan Segelken und seine Frau Anno aus Uphusen empört bei dem Besitzer.

„Dat lot wi us nich gefall'n! Dat is Schummelee! Wi sünd gornich bit up'n bobersten Kring wesen."

Geduldig erklärt ihnen Herr van der Ville, daß jeder Wagen infolge der geschlossenen 8-Form der Bahn zwangsweise die gleiche Tour laufen müsse. Aber Krischan und Anno sind nicht zu überzeugen. So wird ihnen, zwecks einwandfreier Beweisführung, eine Gratisfahrt bewilligt.

„Djo — nu weer't richtich", äußert Krischan

befriedigt nach Verlassen des Wagens, „Ober dat erste Mol weernwe doch nich ganz boben."
„Öwerhaupt" — Anno ist immer noch mißtrauisch — „mi kummt dat so vor, as wenn de Bohn vergangen Djohr höger weer."
„Da haben Sie vollkommen recht", bestätigt man ihr zuvorkommend, „sie ist leider durch einen fürchterlichen Wolkenbruch etwas eingelaufen."
„Och zoh", nickt Anno verständnisvoll, „dat woll'k man seggen."

Pädagogik

„Mudder — laß mir doch ma auferer Tarantella faahn!"
„Djunge — sprech nich ümmer son altes verkehrtes Deutsch. Das heißt nich auferer, das heißt aufer".
„Mudder, wenn ich nu aufer saach, daaf ich denn auferer Tarantella faahn?"

Treue

Der Anblick der vertrauten Pferde bei Dralle stimmt einen etwas traurig, denn leider macht es den Eindruck, als wären sie nicht mehr gut in Futter. Sie haben ihren alten Glanz verloren. Dennoch: Die Orgel spielt genau wie einst auf dem Domshof: „Das war in Schöneberg, im Monat Mai."
Galant ist ein älterer Herr einer weißhaarigen Dame beim Einsteigen in die Kutsche behilflich. Dann

stellt er sich neben den Ring-Pfeiler, zieht ein paar Veilchensträuße aus der Tasche und wirft gewandt und zielsicher bei jeder Runde der Dame einen in den Schoß, was jedesmal durch ein liebenswertes Lächeln quittiert wird. Zwei neben ihm stehende Backfische stecken die Köpfe zusammen und kichern. Freundlich schmunzelnd überreicht der alte Herr auch ihnen ein Sträußchen und sagt:
„Wünscht Euch nur, daß Euch auch noch Blumen zufliegen, wenn ihr einmal Großmütter seid. Hier bei Dralle habe ich meine Frau vor vielen Jahren kennengelernt. Damals stand sie stolz auf einem Schimmel. Und seit der Zeit fährt sie jeden Freimarkt auf „unserm" Karussel für mich eine Ehrenrunde."

HABTER SCHON 'N BAUM?

Sie habener was von

In den Tagen vor Weihnachten begrüßt man sich in Bremen wenn man Bekannte auf der Straße trifft, nicht wie üblich: „Tssieh — wist du denn auf los?", sondern mit der Frage: „Habter schon 'n Baum?" Nun ist es aber eine der undankbarsten Aufgaben, einen Tannenbaum zu besorgen, denn soviel verschiedene Sorten gibt es gar nicht, daß nicht ein Teil der Familienmitglieder den ‚Auserwählten' in jedem Fall gräsig fände. Meistens stellt sich allerdings Heiligabend, wenn er geschmückt im Lichterglanz erstrahlt, heraus, daß er doch ganz staatsch aussieht.

Heini und Karel waren schon gestern unterwegs.

„Nachher sinter die besten zwüschenraus", hatte Mudder gemeint, „und ich kanner mich nich auch noch um quäl'n. Ich muscha noch die ganzen Gaddinen waschen und den Klaben backen."

Heini und Karel fingen in Hastedt an. Jeder Stand wurde gründlich durchforscht.

„Wenn dieser 'n büschen lütscher wär und nach unten zu nich sone Dickte hätt, und wenn denn die Nadeln rund ummen Zweich umzu wär'n und nich bloß so platt nach beide Seiten ständen, denn möchter wohl gehn", meinte Heini.

Auf dem Weg quer durch die Stadt liegen viele Baumplätze, aber noch bedeutend mehr Kneipen,

und keine konnte man gut überschlagen, wollte man den Wirt, der von Heini oder Karel — meistens jedoch von beiden — ein gaanz alter Freund war, nicht bitter kränken.
In der Utbremer Straße fand Karel endlich die passende Tanne:
„Wie find'st den, Heini?"
„Wunnerbaar", sagte Heini, „kann gaanich besser."
Daß er zwei ausgewachsene Spitzen bemerkte, verriet er wohlweislich nicht, das mochte der Alkoholnebel vortäuschen.
Auf der Rückreise nahmen sie eine andere Tour, auf der aber nicht weniger uralte Wirtsfreunde zu besuchen waren. Heini brachte Karel sicherheitshalber bis vor die Haustür:
„Mensch — wo hast dein' Baum denn?"
„Dunnerkiel! Nu hab ich den doch warraftigengotts einerwergens stehngelassen", wunderte sich Karel.
„No — dascha kein Hals ab", tröstete ihn Heini, „denn machenwer morgen denselben Weech nochma wieder rückwärts retour."
„Tschä — das's auch 'n Idee" — Karel strahlte über die geniale Lösung — „wär dja auch 'n Djammer, nochma das viele Geld für son alten Baum auszugeben. Und wer weiß, ob ich son schönen wiederkrich."

Sie hälter ihn für

Tant' Guste und Tant' Frieda nehmen an der Weihnachtsfeier vom ‚Christlichen Verein' teil. Einem Ondit zufolge soll es gratis eine ‚bunte Tute' geben. Das Programm ist für ihre Verhältnisse recht anspruchsvoll. Zum Schluß spielt ein weißhaariger alter Herr eine Fuge von Johann Sebastian Bach, nicht ohne vorher einige Daten aus des Meisters Leben angeführt zu haben und zu bemerken, daß aus seinen beiden Ehen zwanzig Kinder entsprossen seien.

Schon beim Verlassen des Saales bohren beide Tanten in ihren Tuten:

„Wie hat's dich denn gefall'n, Guste?"

„Oooch hott, war dja ganz nett, nich? — Aber Frieda, nu saach mich bloß ma an: der alte Kerrel, der da aufn Klavier rumneite, war das denn der Sebasterdjan Bach perseenlich mit die ganze Riege Kinner?"

Er kennter was von

Vadder geht in ein Strickwarengeschäft.

„Womit kann ich dem Herrn dienen?" fragt die Verkäuferin.

„Ich brauch zwei Pullovers zu Weihnachten."

„Für einen Herrn oder für eine Dame?"

„Ein'n für mein Frau und ein'n für mein Tochter."

„Hatten Sie sich eine bestimmte Farbe gedacht?"

„Nee — spielt gaakeine Rolle."

„Oder ein besonderes Muster?"

„Nee — spielt gaakeine Rolle."

„Vielleicht etwas in Angora?"

„Spielt auch keine Rolle, Frollein. Müssen bloß 'n büschen leichte aufzuribbeln gehn, sons ham meine Damens da kein Spaß an."

... und er glaubter an

„Mensch, Fidi, was hat dein Frau fürn schicken neuen Mantel! Nu seid doch ma Kaffalier und helfer ihr rein."

„Schweich doch still, du Döskopp — daaf ich dja gaanich so genau hinkucken — den hatse sich doch zu Weihnachten gemacht, aus meine alte Boxe — da muß ich doch an glauben."

DER 30. KLASSENTAG

„Was ich noch sagen wollte, Madda – was ziehste denn morgen an?"
„Tjä, Kede, ich weiß nich so recht – entweder das lillane oder das blö-seidene, was meinste?"
„Nehm das lillane, Madda, das steht dir besser zu Gesicht und macht dja auch viel mehr her. Aber ich? Was soll ich denn mal anziehn? Das gute geblümte is mir, glaub ich, 'n büschen stramm übere Brust."
„Das schad't nix, Kede – da zwäng dich man dreist nochmal wieder rein. Hauptsache, daßwer gegen die annern nich abstechen. Kannst dir wohl vorstell'n, wie die sich alle auftakeln. Soll dja auch ganz groß gefeiert werden vonwegen den dreißichsten."
„Dja, klaar! Is man ein Glück, daß Minchen Knolle djust morgen anne Tour is, weil der ihr Mann doch in Spirituosen macht. Du, der muß 'n Schweinegeld verdien'n. Mußt morgen mal auf achten, die ham in djede Stube 'n echten Schmirna zu liegen. Und Minchen, die kennt man überhaupt nich wieder, was war das für'n lütschen Spucht inne Schule und heute – die ischa all bald so breit wie lang."
„Hchott, Kede, du bischa auch nich mehr die Schlankste. Kuck mal, damalsen, wie Hanni Meyer 'n paar Djahre nach 'n Kriech uns alle wieder zusamm'n getrommelt hat und den ersten Klassentag aufe Beine

gestellt hat, da war'nwer schon zufrieden mit 'n klein'n selbstgebacknen Pottkuchen und 'n Budderbrot mit Leberwoast, und heutzutage kann das bei manchein'n gaanich üppich genuch hergeh'n."

„Tschä, und? Haste da was auf entgegen? Ich nich!"

„Nee, ich auch nich, Kede, ich mein man bloß. Ab und an könnt man ruhich mal an die Zeiten denken, wo djede von uns wieder ganz von vorne anfang'n mußte, mein ich."

„Hchott dja, da haste einklich ganz recht. Könn'nwer dja auch morgen mal vorschlagen, da kann doch djede aus unsern Kreis 'n Lied von singen. Aber eerst müssenwer alle 'n büschen in Tritt komm'n, find ich. Nammiddachs bein Kaffee..."

„Kede! Saach doch nich ümmer Nammiddach – hört sich dja greesich an."

„Och Mönsch, betu dich man nich – du sprichst dja auch nich grade wie die Damen in Fernsehen, nich? Also: nach-middachs bein Kaffee hamse dja ümmer eerßmal ihr'n Blutdruck bein Wickel..."

„Dja, das kenn'nwer – der einen ihrer is zu hoch und der annern ihrer is zu niederich, und die eine hat sone Pill'n und die annere hat noch viel bessere Tabletten."

„Und die ganze Zeit über lauert Alize da auf, dasse mitte Poletik loslegen kann, da hatse aber meist kein Glück mit, weil nu nehmlich 'n paa schon anfang'n, ihre Fotos auße Handtasche zu prummeln."

„Tssieh, gut, dassde mir da an denken hilfst, Kede – diesmal nehm ich auch welche mit, weißt doch, die

neuen faabigen von unsere Süße – ischa son richtigen lütschen Wonneproppen."

„No gut, denn steck ich das von mein Schwiegersohn Riko ein, das, wo er mit Trudel an'n Schwimmingpul sitzt."

„Auha, da kannste dich dja schön mit dicke tun, Kede. Is doch einklich gediegen – mitte Schwiegersöhne gebense alle zu gerne mit an, aber vonne Schwiegertöchter sagense gaanix."

„Nee, nich? Hchott, weißte, wird dja denn auch leichte 'n büschen viel. Nu wird dascha auch all langsam Zeit – einige linzen schon dauernd klammheimlich nach nebenan, wo Minchen das kalte Büffett aufgebaut hat, das machtse dja ümmer ganz härlich – mit Speckaal und Rostbief und alles und alles."

„Und weißte, was ich glaub? Daß ihr Mann nachher bestimmt noch 'n Buddel Sekt spendiert."

„Meinste, Madda? No, denn man zu – von Sekt kommt'n rasch in Faaht..."

„Dja, ehm – sollst mal sehn, denn fällt ein'n 'ne ganze Masse von damalsen wieder ein."

In Bremen vor 30 Jahren

„ICH MOCHT SE WOHL“

Die Domuhr geht auf eins. Am Markt krimmelt und wimmelt es in vorfestlicher Betriebsamkeit. Unterm Rathausbogen und gegenüber stehen die Menschen in dichten Klumpen und recken sich die Hälse aus — die einen nach der Obernstraße, die andern in entgegengesetzter Richtung. Noch ungeduldiger als sonst warten heute mittag alle auf ‚ihre' Bahn.
Roland zu Füßen lagern wie Opfergaben ein paar prall gefüllte Markttaschen. Ihre Besitzerinnen, Kede und Madda, haben sich daneben aufgepflanzt und dösen müde in die Gegend. Ist aber auch immer einen fürchterliche Jachterei bis man so alles zusammen hat zu Ostern. Wehe dem ‚djungen Mann', der es nachher in der Elektrischen wagen sollte, ‚dickdräwsch' seinen Sitzplatz zu behaupten!
Kede sieht ganz bekümmert aus und sagt plötzlich traurig: „Hchott nee, wenn'n das so bedenkt ... da steht se nu her wie son amen Sünner. Kein Dach übern Kopf, und djederein meint, er musser auf rumhacken.“
Madda dreht sich einmal rundum und mustert alle Personen, die ihr bejammernswert vorkommen, während Kede ihren Faden weiterspinnt: „Nee, weißte, ich kann sowas nich hab'n. Mittenmal sagense alle, das wär dja man 'n Segen, daß die alte Schabracke auf die Aat weg kommt ... hübsch wär se dja nie gewesen.“

Madda kann weit und breit kein passendes Subjekt entdecken und fragt endlich: „Von wen schnackste einklich?"

„Och, vonne Börse!"

„Ochzooh ... vonne Börse!"

„Tschä, is doch waah. Von 'n Doden soll'n nix Schlechtes reden. Und überhaupt, ich kann mir nu ma' nich helfen ... ich mocht se wohl."

„Du bist dja auch nich maßgeblich, Kede. Da hast du viel zu wenig Grütze für in'n Kopf. Was so die richtigen Bau-Menschen sind, die sehn das eben mit ganz andere Augen an wie unserein'n."

„Och, geh doch los ... du redst die dja bloß nach'n Mund. — Möcht bloß ma' wissen, soller denn nu 'n neue Börse wieder hin?"

„Nee ... soll dja wohl nich."

„Zoh. Aber ich mein, die alte hat da doch auch nich bloß für Feffernüsse gestand'n, nich? Ischa gediegen, daß die Bremer Kaufherrn da aufenmal so ganz ohne zu könn'n. Wo woll'nse denn nu in handeln und wandeln?"

„Das machense djetzt alle mit'n Telefon ab, Kede."

„Och, das ischa nix. War doch viel vornehmer inne Börse. — Weißt noch, wie wir da mal in war'n mit Lehrer Bruns und mitte ganzen Klasse, wie uns da zumute war?"

„Djaa ... beinah wie inne Kirche. Man traute sich nich Piep zu sagen und mocht kaum zutreten."

„Oh, und ich seh noch ümmer all die großen Gemälden vor mir, da oben aufe Gallerie. Bestimmt, Madda, da hat'n doch in sein'n Unverstand würklich zu'n ersten Mal kapiert, was Brem'n überhaupt vorstellt inne Welt. — Nu bitt ich dich, wo soll'n die Kinner das nu heute wohl von gewah werden? — Aber die Treppe nach'n Dom zu, die musser wieder hin. Das war doch ümmer zu schön, wenn'n Feier war und der Männergesangverein stand da und sang."

„Nee, Kede, das geht dja doch nich. Kannst doch nich an was Neues 'n alte Treppe anbacken."

„No, das mögense dja wohl nich tun und uns da son neumodernen Käfig hinsetzen."

„I bewahre, da brauchst nich bange für zu sein. Soll dja alles wieder ganz paßlich werden. — Hättst ma' sehn müssen in'n Muscum aufe Ausstellung die ganzen Prodjekte, einfach süße sahn die aus."

„Tsieh, nache Ausstellung, da woll'n wir dja auch noch hin. Ma' sehn, vielleicht morgen auf'n ersten Ostertag."

„Dja, denn mußt aber vorher 'n Eingabe machen, dasse für euch extra nochma' alles wieder aufbaun. Nu isse nämlich zu."

„Was? Das find ich dja unerhört! Aber so geht's ein'n nu, ümmer wenn'n grade ..."

„O, Kede, sei ma still ... war das nich eben unsere Zwei? Ochhott nee, nu fährtse ein'n direkt vore Nase weg."

„Liebe Zeit, wie kann's angehn? Hin geht se — flöten tät se! War'm hast denn auch nich aufgepaßt?"

„Weilde ein'n vollständig durchhin gemacht hast mit deine alte Börse."

„Dja, Gott, das überkam mich nu ma' so. — Aber da kannst auf ab. Madda... die könn'ner hinbaun wasse woll'n... ich binner gegenan."

DAS WAR IHR VIEL ZU UM

Hchott, Madda ... nu mach doch auch zu. Ich denk, du wi'st mit nache Einweihung, und nu klungelste noch in dein'n alten Kiddel inne Küche was rum.
Djaa, Kede ... ischa noch ganich so weit. Was hast das denn so drock? Meinst, dasse da ohne dir nicht zu könn'n? Kommst noch früh genuch auf dein Djust.
Djä, wennse nachher abspeern, denn is das man schlecht mit 'n Vordrängeln. Und ich muß unbedingt ganz vorne vor stehn, weil ich patuh als erste übere neue Brücke will.
Mensch, Kede, du hascha wohl ein'n auf'n Boden! Was stellst dir denn vor mit dein'n Heringsverstand, wie das bei sowas zugeht. Ich hab das ma' in Kino gesehn: da kam zu allererst einer, der hatte 'n Spint auf — muscha wohl ein'n vonne Bobersten gewesen sein — also der schnibbelte mitte Schere den Band durch, dense da vorgespannt hatten; denn kamen lauter hohe Heern — Senaters und was da sonst noch so bei rumbummelt; denn kam noch 'n ganze Gitsche, und denn war'n erst die annern anne Tour. — Oder so'st amenne als Ehr'ndjumpfer funkschoniern? Ich mein, hast dich dja 'n büschen reichlich aufgedonnert. Mit das gute fiolette Foahlkleid ... und denn nix über und nix unter. Kannst man unsern Vadder sein'n Schöhrm mitnehm'n.
Nee, nee, laß man. Lieber 'n Schauer Regen ab-

kriegen, als dassen da so wie von'n Aamwesen hinkommt. Ich will auch gern 'n büschen was her machen, wenn ich mit Hanni inne Mitte vonner Brücke zusamm'ntreffen tu.

Was?! Mit dein Schwester Hanni auße Hohntorstraße? Och, Kede, das kann dja wohl nich angehn! Mit die haste dich doch inne plünnen gekricht... habt euch dja all wer weiß wie lange nich mehr angekuckt.

Dja... seitdem daß die alte Kaiserbrücke in Dutt is. Ischa traurich, sowas. Aber sie ließ sich denn dja überhaupt nich mehr bei uns sehn. Ganz übere Weserbrücke, das wär ihr zu um, saachtese. Und denn sollt ich ümmer nach ihr hin töffeln, als wenn das nich für mich djust der selbe Umweg gewesen wär. Nee, da hatt ich denn dja auch mein'n Stolz. — Tssieh, und nu hat unser Mudder zwüschen uns vermiddelt: sofort wenn die neue Brücke in Schwung is, denn soll'nwer uns da djeder die Hälfte auf entgegen gehn und uns endlich wieder vertragen. — Da freu ich mich ganz schändlich auf.

No, denn bin ich dja ma' gespannt, ob Hanni nu auch kommt. Ich mein, sie war dja einklich der buksnuten Hund... brauchte doch nich gleich zu schümfen, du wärst 'n alte aufstanaatsche Altstadt-Truhtsche.

Gott, Madda, das war dja bloß die schiere Wut, weil ich mir ma' geäußert hatte, sie hörte nu mit zu die Geelbeenten.

Tschä, Kede, das könn'n die Neustädter nu ma' nich ab. Tun dja sowieso ümmer, als wennse die reinsten Stiefkinner wär'n.

Dja, da ischa auch sogaa 'n büschen was an. Kuck ma', wenn'n das so bedenken tut, die ganzen schönen Gebäuden und die Theaters und der Bürgerpark liegen alle inne Altstadt.
Hchott, dafür hab'n die dja die Wasserkunst und den großen Gasometer.
No, das ischa nu grade nix, wo'n sich an erbaun kann.
Nee, das nich ... aber wenn die das inne Neustadt ma' in'n Kopp kriegen, denn könn'nse uns djederzeit das Gas und das Wasser abdrehn, und denn könn'n wir uns unsere neue Badeanstalt an'n Hut stecken und mitte Kocherei is auch Essich. Ich glaub überhaupt, wir müssen höll'sch aufpassen, dasse uns djetzt nich ganz in'n Sack stecken. Beier Langemaakstraße soll dja wohl genau son großes Geschäftsviddel hinkomm'n wie bei uns anne Sögestraße und da.
Djä, von mir aus soll ihn'n das gegönnt sein. Wennse denn so schlau sind und ihr'n Schweine-Maakt einfach umtaufen in Söge-Maakt, denn stehnse uns in nix mehr nach. — Nu komm aber auch, Madda ... ich bin all soo aufgcrchcht!

DER VERKEHRTE POTT

„No, Kede, mein Deern — machts dja son Melanklüterigen. Is was passiert?"
„Och, mich liecht die politische Lage so aufe Brust, Madda, — Die sind dja all wieder einerwergens feste an Wammsen."
„Tschä, lasse doch. Was scheert uns das?
Was ham wir mit Korea zu kriegen?"
„Saach mal, wo liecht das denn einklich?
Was da so von inne Zeitung steht, da kann ich mir überhaupt nich aus vernehmen, und sagen tut ein'n das auch keiner so richtig."
„Och, das liecht da so ganz hinterzu — noch weit hintere Russen."
„Zoh — daa! Denn kann ich mir da all ehrer 'n Bild von machen. Und wo ham die sich um inne Wolle?"
„Sozusagen glaubenshalben, Kede. — Ischa ümmer dasselbe inne Welt — wenn der eine nich glauben will, was der annere glaubt, denn krichter so lange welche an'n Teekessel, bis dasser klein beigibt."
„Paß auf, denn komm'n die alten Koreaner hier womöchlich auch noch an."
„Och was! Was soll'n die hier wohl? Ischa noch viel zu wenig wieder aufgebaut. Das meiste ischa noch in Dutt."
„Hör mal, Madda — du bist meine beste Freundin, darum wi'ch dich das auch man sagen, aber posaun das bloß nich gleich inne Gegend rum. — Du kennst

doch die dicke Nottebohmsche — weischa, die die ganzen Djahre so schön hoch und trocken beide Kaatenstelle gesessen hat — also, die hat heute bei 'n Krämer erzählt, sie krichte bald wieder 'n Posten. Und wie er ihr fraachte, wo? — da saachtse, och, da, wo sie schon mal gewesen wär! — Merkste was? Wir wußten djedenfalls genau, daß Schüppen all wieder Trumpf is. Ich hab mir vor Angst gleich zwei Fund Reis und 'n Buddel Öl gekauft."
„Ph, das is auch höll'sch was. Da kannst doch keine Bilder mit rausstecken."
„Ho — djede Droppen helpt, saachte die Mücke — da pinkteltse inne Weser. — Saachma, was rührst du da denn wie wild in'n Pott rum?"
„Och, das is so'ne Quer-durch'n-Gaaten-Suppe. Essen wir heute."
„Nee — ich mein in den Pott nebenan."
„Hchott, ich koch 'n büschen Vierfrucht-Marmelade. Wieso? Gönnst ein'n die nich?"
„Nich gönn'n? Nich gönn'n? Das is' die pure Gemeinheit von dir — weißte das? Ich erzähl dich in meine Gutmütigkeit gleich das vonne Nottebohmsche, daß du dir auch rechtzeitich eindecken kannst, und du kochst einfach hinter mein'n Rücken Marmelade ein. Dabei haste neulichs gesaacht, wer sich heutzutage noch mit die alte Einmacherei bemängelt, ischa dusselich — lohnt dja gaanich mehr."
„Kede, ich glaub, du bist nich recht bei Silbergroschens. Wir ham doch nu mal das schöne Obst aufe Pazelle. Meinst, da soll'n die Stare alleine fett von werden?... Ich weiß nich, in die alte Suppe is

heute so recht gakein Pitt reinzukriegen. — Geb mich doch mal son Stücker sechs Bouldjongwürfel aus'n linken Auszuch."

„Hier hasse ... Madda, kannst mir nich 'n paar Gläser abgeben? Denn krist du da nachher Bohnen für."

„Liebe Zeit — nu geht die alte Kietschebietscherei all wieder los. Bohnen hammer selbs steif, da ... Kede! ... geb'n Suppenlöffel her ... schnell! Ich hab die Bouldjongwürfel in'n verkehrten Pott geschmissen — inne Mammelade! Ziehste — das kömmt davon. Man is all ganz hiddelich von deine alte Quasselei. — — Nix mehr an zu retten — alles aus'nanner gelaufen! Oh nee — man sollt den ganzen Schiet anne Wand baxen! — Der schöne Zucker!"

„Och was! — Rühr das man tüchtig durch, und denn laß mal schmecken ... Hchott — gaanich so übel — ganz appaat. Wer das nich weiß, merkt das gaanich."

„Meinste, Kede? No, denn wi'ch dir was sagen: kannst gärn die Hälfte abkriegen."

FÜR'N HALBEN GROSCHEN KONDITERSCHRABBELS

„Hurrdjees, Kede, rennst ein'n dja bald übern Haufen. Bischa ganz auße Puuste, und 'n Kopp haste wie 'n gleunigen Kanonenofen."
„Och, Madda, ich war doch in Arsten, bei unsern Kattoffelbauer. Stell dir vor — ganz zu Fuß — hin und retuhr."
„War'm das denn? Konntst dja mitte Elektrische faahn."
„Nee, da denk ich dja gaanich an. Meinst, ich schmeiß den Direkter, oder wer da sons oben sitzt, das viele Geld man einfach so in'n Rachen? Zwanzich Fennich war'n schon überleidich genuch."
„Gott, Kede, von deine paar Groschens, da wird er auch nich von fett."
„Paar Groschens? Paar Groschens? Du schmeißt dir dja mächtich inne Brust. Dein Mudder hat wohl Soforthilfe gekricht, was?"
„Nee, weit vorbei. Weißte, damit is das auch son Sache. Das is akrat so, als wenn ich unsern Djonni inne Kneipe schicken tu, er soll unsern Vadder sag'n, dasser sofort nach Hause komm'n soll, Ahmbrot essen. Denn kannster bestimmt auf ab, daß'n Klocke elwe ümmer noch auf Kleber Esch lauert."
„No, hörma, Madda, du stehst doch warraftigen Gotts nix aus, wode djeden Monat 'n Caree-Paket von dein'n Bruder aus Amerika krist."

„Hchott, Kede — unter uns gesaacht — was is da nu schon viel in? Einklich bloß Tüdelkram. So recht kannst da nix nich von gebrauchen. Und verkietschebietschen kannst doch heute auch nix mehr."

„Tschä, nich? Gibt dja nu bei uns schon alles wieder viel besser. Wenn ich so durche Stadt geh und mir all die neuen Geschäfte bekuck, denn denk ich manchmal, ich träum."

„Aber wennde in dein Pottmanee plierst, denn wirste bums wieder wach, nich? Ich bin djedenfalls all bald wieder blank. Und dabei is noch Freimaakt diesen Monat."

„Hugutt, da mach ich gaanich an denken, Madda. Die alten Panzen fang'n dja nu schon an, ein'n mit ihrn Spaapott zu tribeliern."

„Och, die sind dja alle vollstännich überkandidelt. Weißte, was unser Djonni saacht? — Unter drei Maak gehter gaanich eerß hin."

„Oh neeneenee — ich saach dja, man sollt den ein'n nehm'n und den annern damit vergallern. — Was ham wir denn früher gekricht, wennwer nach'n Maakt ging'n? Zwanzich Fennich höchstenst."

„Djea — und da mußtenwer unser Mudder noch 'n Tute Schmalzkuchen von mitbring'n."

„Für ein'n Groschen kauftenwer uns 'n Lutschstange und 'n Blase, und denn konntenwer sogaa noch auf'n Karezell faahn."

„Damals war dja auch noch 'n Lutschstange was ganz was Besonneres, heute stehnse dja bei djeden Krämer in'n Laden rum."

„Oh, Madda, ich weiß noch, einmals — da traf ich

mein'n Onkel Fidi, der mußt wohl djustament seine Spendierboxe anhab'n — da hatter mir 'n silberes Fümzichfennichstück inne Hand gedrückt. Du, da bin ich zwei Nammdage hinternanner mittenmang die Budens rumgeputschert und hab gedacht: Was kost't Brem'n auf Abbruch. Und denn hab ich endlich son lütsches Krokerdil genomm'n. Da steckte 'n Bleifeder in, mit'n Negerkopf auf. — Das Dings hab ich heute noch."

„Und was war'nwer selich, wennwer uns für zwei Fennich Salmiakpastill'n kauf'n konnten. Die wurden denn wie son Stern aufe Hand gebackt und so gaanz langsam abgeleckt."

„Wir holten uns wohl ma'n Lakritzenstange — die teiltenwer in fümf Teile, und denn tat sich djeder 'n Stück in'n Buddel mit Wasser und denn wurd' das geschüttelt, bis daß der Schaum da oben rausspritzte."

„Weißt noch, da Ecke anner Grundstraße und Steintor, da war son lütscher Zigaanladen, die hatten ümmer sowas Extranes: Gummischlang'n und Negergeld und Schnürbänner und Babbeleer, oder Wunnertuten mit richtige goldene Ringe in, oder 'n Gummipuppe mit'n Opelade vornevor."

„Ich mocht dja nu für mein Leben gern Veilchenpastill'n."

„Und Sonnahmts, denn ging'nwer bei und holten uns für'n halben Groschen Konditorschrabbels. Was war da alles in: 'n büschen schief geratene Mohrnköpfe und gequetschte Napoliumschnitten und Schillerlockens und alles."

„Djä, die schönen Zeiten, die sind nu fleiten."

„Tschä, und nu saach ma selbs, was kriegen die Kinner nu heute schon groß für fümf Groschen? Da könn'se grade einmal mit aufe Achterbahn faahn."

„Hchott dja, könn'n ein'n einklich leid tun, die Göhrn. Ich kann auch man sehn, daß ich unsern alten Regelater verklopp, denn hat'n doch 'n büschen was vore Hand."

„Ich hab auch all gedacht, unser Djonni soll diesen Monat nix von sein'n Gehalt abgeben — denn muß ich eben sehn, wo ich das von zuschuhster."

„So, Madda — nu muß ich aber machen. Nu kann ich die beiden letzten Haltestell'n man doch noch mitte Bahn faahn."

AUS DOPPELT MACH EINFACH

„Die lütschen vergrellten Bonnies, die bummel man anne Gadrobe auf, Kede. Djeder, der reinkommt, der kricht ein'n auf'n Kopp. Denn sindse alle gleich inne richtige Stimmung. Soll 'n schöne Silwesterfeier werden dies Djahr. Hab 'n uns dja auch Mühe genuch gemacht mitte Vorbereitung. Nu setz dir man bei mir mit inne Küche hin, woll'n uns noch 'n klein'n Au'mblick verpuhsten. Ich setz noch ehm fix den Puntsch an."

„Denn mach ihn man orntlich süße, Madda ... ischa bloß füre Damens bestimmt. Die Männer schwärmener dja nich so für."

„Nee, die müssen sich unbedingt ümmer Schnaps und Bier hintere Binde gießen. Hab den Süfong all auf'n Bakong gestellt, und da, auf'n Gossenstein in den Eimer, da sind die Schnapsbuddels in."

„Laß ma' sehn, was hab'nse sich denn für ein'n besorcht? Kuck an: Feiner alter Doppelkorn! So'n Quatsch! Ümmer so ballastich. 'N Einfachen hätt's dja auch wohl getan. Aber nee, denn sindse all wieder bange, dasse nich schnell genuch dick werden. Und was kömmter bei raus? Dasse schon vor zwölwe Prost Neudjahr bölken und standepee nach'n Bett hingehn."

„Hchott, Kede, das wär aber 'n Djammer. Denn hat'n da dja ganix von. Könn'n man sehn, dasswer djaa rechtzeidich bremsen."

„Nee, Madda, da kann'n dja doch nich gegenan bremsen. Weißte was? Wir beide gehn djetzt bei und setzen uns 'n paa orntliche Gläser voll übern Deich ... aus djeden Buddel etwas, und das füll'nwer einfach mit Wasser wieder auf. Denn isser das Doppelte von ab."

„Dja, das's auch waah, Kede. Wennse da man bloß nich hinterkomm'n."

„Och, was! Zu, geb den Proppenzieher her und krich zwei Semfgläser aus'n Schrank. Wir Fraunsleute könn'n das ümmer noch besser ab wie die Männer.

„Prost, Kede! Prrruh ... das's aber 'n schaafen!"

„Ischa egal. Wir wolln das alte Djahr auf anständige Weise Atschöh sagen. War einklich, so in allgemein'n gesehn, noch lange nich das schlechteste."

„Nee, das kann'n nich behaupten. Bloß zuguterletzt, da kam dja denn noch der Fehlschlach, wie das Weihnachtsgeld auße öffentliche Hand verteilt wurde. Hättense uns da nu nich auch 'n büschen was von zukomm'n lassen könn'n, wo wir so gute Steuerzahlers sind? Ich mein, dafür, daß'n das ümmer so seel'nruhich hin nimmt, wennse ein'n auf'n Finanzamt gleich 'n Knüppel zwüschene Beine schmeißen, bloß weil'n mal 'n paa Maak Schmuh machen will, da hätt'n doch auch wohl 'n kleine Anerkennung für verdient. Aber nee, denn gehn die Herrn mittenmal alle in Deckung."

„War djar gakeine Deckung da, Madda."

„Denn soll'nse da nich so reibe mit umgehn. Wo sindse da denn mit abgeblieb'n?"

„Bist wohl lange nich inne Innenstadt gewesen, nich?

Sons wärste da all längst über gestolpert ... da hab'nse doch allerwergens Treppens für gebaut! Geh ma' vonne Langenstraße nach Bischofsnadel zu, denn mußte aber 'n Berchstock mitnehmen. Nee, das wolltense nu nich länger wissen, daß das ümmer heißten tut, in Brem'n wär allens man bloß so flach und egal wech."

„Denn woll'nwer man in Bonn Bescheid sagen ... wenn sie mit ihr'n Gehfraugeh-Vertrach zugange kämen, denn solltense uns für Brem'n man lieber 'n Abteilung Gebürchsjäger schicken. Die komm'n denn auf'n Bischofsberch rauf, und von das alte Stadttheater wird 'n klein nette Kaserne von gemacht."

„Nee, da soll dja doch das Parlamangs-Gebäude hin, Madda, aber vielleicht machen se da auch sone Aat Sporthalle oben."

„Djedenfalls gehnse in Parlamang dja auch gegenseitich auf'n anner los, aber bloß mitte Sprache. Derdjenige, der am besten glattschnacken kann, der wird Sieger."

„Tssieh ... auf die Siegers von Brem'n, woll'nwer auch ma' ein'n auf trinken: Auf Haatmann und auf Rammelmann ... auf Kämmerer und Hegemann ... auf Petersen und allermann, da stoßen wir djetzt kräftich an. Prost!"

„Mensch, Kede, dascha n' Gedicht! Das flutschte dir dja man bloß so raus. Aber weil wir djust beie Siegers sind ... mir soll das dja nu bloß ma' in Verlang'n sein, was für'ne Pattei über das Denkmal vonne Bremer Stadtmusikanten siegen tut. Ich muscha sagen, der Kopf vonner Katz, der hätt gern 'n klein büschen dicker könn'n, und daß der Esel kein'n Quast an'n Steert hat, da stimmt dja auch was nich an. Ich mein, was 'n richtigen Künstler is, der daaf da dja einklich nich überwech sehn, nich?"

„Ischa allens ganz einfach, Madda ... soll'n se doch beigehn und direkt neben das neue Denkmal noch genau son selbes mit echte, ausgestopfte Tiere hinstelln. In beide Esels wird'n Spaapott eingebaut, und denn schmeißt djeder, der da vorbei kommt, in dendjenigen, dener am liebsten leiden mach, 'n Groschen rein. Und wo denn nachher das meiste in is, das soller bestehn bleiben. Denn hat der ganze Hick-Hack 'n Ende. Ich weiß ganich, warum du da so dusselich über lachst ..."

„Puuh — hihihi ... Mensch, Kede, ich stell mir das djust so vor ... hihihihi ... wennse neben die annern Denkmäler auch ümmer 'n ausgestopftes hingesetzt hätten ...

„Hör ma', mir kömmt das bald so vor, als wennde ein'n zu sitzen hast, mein Deern."

„Wer? Eech? Von son büschen Schnaps? Neee ... merk ich ganix von. Mach man schnell den annern Buddel auf, da muscha auch noch was raus."

„Dja, ich binner dja all bei. Ich saach dja, unsereins ofpert sich rein auf für das Mannsvolk, das wolln die Tuneegels dja bloß ümmer nich einsehn. Lang mir doch mal den Teekessel her ... so'st ma' sehn, wie fix aus den Doppelkorn 'n einfachen wird. Sooo ... nu die Proppens wieder rauf ... ferdich is die Laube!"

„Ohgoddegott, Kede ... was is denn nu passiert? Kuck dir bloß ma' die Buddels an ... da sieht dascha mittenmal so muddelich in aus, so als wenner Magermöhch in wär."

„Tschä, das's doch auch kein Wunner... der Schnaps, der verdjaacht sich doch, wenner das blanke Wasser auf'n Kopf kricht. Da musser sich eerss an gewöhn'n, denn willer wohl wieder klaa werden."

„No, denn geht dja nix verkehrt, Kede, denn stell ihn man wieder in'n Eimer. Und nu laß uns die Semfgläser erheben und auf die Zukunft anstoßen... auf daß es im neuen Djahr alle Leute in Brem'n und Umgegend so gut geht, daß ihn'n die gebratenen Taubens man ümmer so in'n Hals reinfliegen."

„Aber nich von unsere Bahnhof-Taubens, Madda. Wär dja 'n Jammer, wenn die Bu-Ba da zwüschen rum ballern täte... ischa 'n lecker Geflügel, sone Taube — aber nee, wir bleiben bei unsern ollen ehrlichen Brathering... und den woll'n wer auch neunzehnhundertviernfuffzich hoch halten. Prost Neudjaahr!!"

DAS MITTWOCHS-KRÄNZCHEN

Madda: „So — nu langt auch düchtich zu, genödicht wird nich. Mudel, noch 'n Stick Wickelkuchen? Alma, noch 'n heiß Taß Kaffee? Is nich 'n Spier Zigurdje an. Is ganzen guten amerkanschen auße Dose."
Alma: „No, du lebster dja gut auf los, Madda."
Madda: „Wieso? Brauch ich doch nich zu kauf'n. Krich ich doch von das Frollein, wower an abvermietet ham, ümmer umsons. Für der mach ich die Wäsche mit."
Mudel: „Möcht dja nich wissen, wo die den her hat."
Madda: „Och, die laß man, das is gaanich son unrechte Deern — bloß 'n büschen fladdusich. Wenn ich da nich nach hinkuck, denn hängn ihr manchma die Fudden unnern Mantel unnerraus."
Alma: „Tschä, tsiehste, so sindse aber heute: Boben fix und unnen nix."
Madda: „Nee, nee — sons isse ganz orntlich. Bringt dja unsern Djohann nu auch Englisch bei."
Mudel: „Denn paß man dja gut auf, dasse ihn sons nix beibringn tut."
Madda: „Schweich du man ganz still, Mudel, du warst dja auch kein Matjeshering mehr, wiede dein'n Klütschenbäcker geheirat hast. — — Tsieh, Kede — da biste dja endlich! Wo haste denn wieder so lange rumgedungelt?"

Kede: „Tach, eerßmal zusamm'n. Von wegen — rumgedungelt! Ich mußt doch mit unser Lisabet nachen Imfen."
Madda: „Ganze Kaffee wird dja kalt. No, ich koch gleich noch 'n Bumme voll."
Kede: „Oh, was hab ich da fürn Aabeit mit gehabt. Die Deern hat gegillt als wennse an'n Spieß steckte. Sie wollt und wollter nich hin."
Mudel: „Hättst ihr man 'n orntliche Gattreise geben solln. Kennst doch: Kinner mit'n Will'n, kriegen welche vore Bill'n."
Madda: „Och, was weißt du da denn von. Du hascha gaakeine Kinner."
Alma: „Ich mein auch, da kann man die Görn doch nich gleich um vergallern, wennse da nu mal son Antisimpatie für ham, nich? Ich halt von die Imferei überhaupt nich viel von. Vergangen Djahr hamwer doch unsern Kuat imfen lassen, und was soll ich euch sagen: vier Wochen später fällter doch die ganze Treppe runter und bricht sich 'n Aam."
Kede: „Tschä, tsieh — der eine saacht so, un der annere saacht wieder anners."
Madda: „Saach ma, Kede, hast die Sauerbreysche unten auf'n Flur gesehn?"
Kede: „Dja, die stand da. Hatte 'n ganzen schicken neuen Mantel an."
Mudel: „Hu, Mensch — da fällt dja vor Lachen 'n Eskimo von'n Schlitten. Ischa 'n gefärbte Amidecke, das sieht dja 'n Blinden in Düstern. Und der Boa is aus echten Schäferhund."
Madda: „Das muß sich nu ma bloß 'n Mensch vorstelln — steht die da doch tatsächlich seit Klocke

drei wie son Ölgötze vore Tür rum, bloß weilse ganz genau weiß, daß ich heute anne tour bin mit'n Kränzchen."
Mudel: „No, weißte, die is aber auch bekannt wie 'n bunten Hund. In'n Milchladen erzähltense neulichs, ihr Mann der müßt sich djeden Morgen das Waschwasser von unten ausse Waschküche hol'n, sons geht das Blanke von ihren Kran übern Gossenstein ab."
Madda: „Und inne Knochen kricht der aame Kerl auch nich recht was, ein um'n annern Tach Pellkattoffeln mit Fantasiesoße. — Aber sie — sie kauft sich ein'n Fummel übern annern."
Alma: „Wenner son Schietenpüster is un sich das gefall'n läßt, denn hatter das auch nich besser verdient. Das sollt mein Hermann ma sein — ich glaub, der haute alles in Grus und Mus. Mit den is überhaupt inne letzten Zeit kein Umgehn mehr mit. Gestern isser man ümmer bloß so mit'n Kopp gegener Wand angerannt. Den kann ich man bald nach Ell'n hinbring'n."
Kede: „Mein Zeit, wo kömmt das denn von?"
Alma: „Och, er is mit das Fommular angange füre Sofortabgabe."
Mudel: „No, weißte, da soller sich man dja nich so um hab'n. Ihr habt dja auch nich das lütscheste Büschen verlor'n in Kriech. Denn kanner djetz djawohl ruhich was abgeb'n, nich?"
Alma: „Das willer dja auch ganz gerne, Mudel — deswegen is das doch nich. Nee — aber auf den Fragebogen, da sind mehr als zweihunnert Stell'n auf, wo man was hinschreib'n muß. Ihr glaubt dja

gaanich was die alles wissen woll'n: obwer Kuxe hätten, und wenn dja, ob wir das denn bereuten und sowas daher."

Kede: „Gibts da denn keine Gebrauchsanweisung zu zu?"

Alma: „Dooch, gibts. Aber die hättense, djust so gut auf Djapanesisch schreiben könn'n, da kann'n sich dja eerßrecht nich aus vernehmen."

Madda: „No, denn is dascha man ein Glück, daß wir so aame Prachers sünd, die da nix mit zu kriegen ham. — Kinners, nu esst man noch 'n büschen Wickelkuchen. Da hab ich wenichstens 'n halbes Fund gute Butter angekleet."

Kede: „Tschä, ich hab dascha ümmer gesaacht: Die ganze Aamut kömmt von der allgemeinen Powertät."

DER OSTERSPAZIERGANG

„Früher, im ‚richtigen Frieden', da is mein Vadder djeden Ostern mit uns nach'n Bürgerpaak gegang'n", hatte jemand sonnabends am Stammtisch erzählt, worauf die Herren Oetjen und Wessels beschlossen, ein Gleiches zu tun. Den Frauen war das gar nicht nach der Mütze, denn Frau Wessels konnte Frau Oetjen nicht recht verknusen, und Frau Oetjen sagte, Frau Wessels wäre 'ne alte Aufspielersche. Aber was half's? Die Männer waren Freunde — und damit basta!

So wurde am ersten Ostertag in beiden Familien bereits um 12 Uhr zu Mittag gegessen und um 1 Uhr marschierte man los. Die Frauen mit Klabenpaketen bepackt, und die sieben gemeinsamen Kinder vorneweg.

„Hast du auch die Tute mit den Ostereiern?" fragte Karl Oetjen seine Frau.

„Nee, ich denk, die hast du!"

„Wenn Fraunsleute schon denken" — Karl klapperte ungeduldig mit dem Schlüsselbund — „also, wo sindse?"

„Im Kleiderschrank, unten rechts."

„Wir gehn schon langsam zu", bestimmte Frau Wessels und fing gleich an zu nörgeln: „Ich wär viel lieber nache Weser-Terrassen gegang'n, — in Bürgerpaak ischa nix mehr los, nürgenswo kann man

Kaffeetrinken. Kaffeehaus is ganz in Dutt, und Meierei ischa für unserein'n gesperrt."

„Dja, das muß dringend mal vore Bürgerschaft, daß die füre Bremer Bevölkerung wieder freigegeben wird", trat Paul Wessels seiner Frau in die Seite, „was war das ümmer für'n Genoss, da so aufe Veranda zu sitzen und aufe Domtürme zu kucken."

Frau Wessels: „Ganz nache Munte! Was's das für'n Ende! Ich hab doch meine neuen Schuhe an. Kuckensema, Frau Oetjen — sehr appaat, nich? Einundzwanzichfümmunneunzich! ... Marlene, nu pier ein'n nich dauernd! Geh hin und fass Pabba an! ... Ihre Kinner sehn man 'n büschen spack aus, find ich, Frau Oetjen. Kömmt das wohl von? Ham doch nix anne Lunge? Müssense feste Speck geb'n."

Die Männer: (Karl hat die Kavalkade inzwischen wieder erreicht) „Nee, weißte Paul, da muscha nu wohl endlich mal was passiern! Ich mein, so geht das doch nich weiter! Ob sich die Herrn da oben da denn ganich über klaa sind?"

„Mein lieben Karl, ich saach ümmer: dje mehr du in Mist rührst, dje mehr stinkter. Denk an meine Worte — in Djuni gibt das einen ganz gewaltigen Aufschwung!"

Die Frauen: „Was hat's denn bei Ihnen Schönes zu Mittach gegeb'n, Frau Oetjen?"

„Och, wir hatten unsern Hahn geschlachtet — denn Feinfrost-Erbsen, neuen Gurkensalat und noch Pudding mit Saft."

„Ham Sie denn überhaupt Hühner? Wusst ich dja

ganich. No, denn wird das aber Zeit, dasse die so langsam aufessen — Eier sind dja soo billich!"
„Nee, unsere Hühner, die behaltenwer."
„Was... und ohne Hahn? Denn könn'n die doch gakeine Eier mehr legen."
„Huch — Frau Wessels, Sie machen wohl Witze. Da hat der Hahn doch nix mit zu kriegen!"
„No, hörnsemal — dascha das Neuste. Denn könnten wir dja auch man einfach beigehn und unsere Männer abschlachten!... Erika, hör hier nich so nippe zu — lauf mit nach vorne. ... Nee, Frau Oetjen, nu bitt ich Ihn'n um alles inner Welt, wo soll'n die Eier denn wohl herkomm'n?"
„Tschä, das weiß ich auch nich so genau — vom Hahn djedenfalls nich."
„No, sehnse! Der Hahn tritt die Hühner dja schließlich nich bloß aus vergrellten Kram."
„Ich hab aber schon öfters kein Hahn beie Hühner gehabt und trotzdem Eier!"
„Was'n Unsinn! Denn is da bestimmt 'n Hahn auße Nachbarschaft beigewesen... Paul!! Paul, weißte was Frau Oetjen saacht? Hühner, die könnten Eier legen... ohne Hahn!"
Paul: „Tja, du wirst lachen, Muschi, aber da hab ich noch ganich mal über nachgedacht."
Karl: „Also das is so, der Hahn, der macht da bloß Bruteier von!"
Frau Wessels: „Ochhott, ihr wollt ein'n dja nur vergackeiern!... Oooh — mein Fuß! — Paul, haste nich 'n büschen Leukoplast einstecken? Ich glaub, ich hab mir all 'n Blase gelaufen."
Karl flüstert: „Denn setzt euch hier man eben aufe

Bank — ich verkrümel mich heimlich und versteck die Ostereier."
Frau Wessels zieht Schuh und Strumpf aus und verarztet ihren Fuß. Frau Oetjen schnappt sich ihren Jüngsten, spannt den Zipfel des Taschentuches über ihren Zeigefinger, feuchtet ihn mit Spucke an und säubert ihm Mund und Nase.
Da taucht der Osterhase Oetjen mit grimmigem Gesicht hinter einem Busch auf und hält seiner Frau die bewußte Tüte unter die Nase: „Was soll das denn? — Da ischa Hundekuchen in!!"
Frau Oetjen: „Oh — kann dja wohl nich angehn — der Hundekuchen stand doch in Küchenschrank!"
„Da sollt ich dja die Tute auch rausholn, haste gesaacht."
„Doch nich außen Küchenschrank — außen Kleiderschrank, hab ich gesaacht!"
„Außen Küchenschrank!"
„Außen Kleiderschrank!"
Frau Wessels: „Tse, Ostereier in Kleiderschrank! — Schöne Wirtschaft!"
Frau Oetjen: „Immer noch besser als wenn der Kamm beie Butter liecht, wie bei gewisse Leute!"
Frau Wessels: „Phe — so eine wie Sie kann mich auf'n Ostern noch lange nich beleidigen! ... Paul! Komm her — wir gehn aufe Stelle nach Hause!"
Am Großen Stern flatterte alles endgültig auseinander und eine Stunde später sah der ‚gemeinsame Osterspaziergang' folgendermaßen aus:
Die Herren Oetjen und Wessels befanden sich im Stadion beim Fußballspiel.
Die Kinder tummelten sich auf der Osterwiese.

Frau Wessels saß im Kino.
Und Frau Oetjen saß zu Hause bei einer strammen Tasse Kaffee und mit dem Roman, den sie schon seit Weihnachten lesen wollte und ...genoss den himmlischen Osterfrieden.